La Politique
de la jeunesse

Nicolas Bouzou & Luc Ferry

avec le
Conseil d'analyse de la société

La Politique
de la jeunesse

Rapport au Premier ministre

« PENSER LA SOCIÉTÉ »

Collection dirigée par Luc Ferry, président délégué du Conseil d'analyse de la société.

« Penser la société » publie les essais et les rapports écrits par des membres du Conseil d'analyse de la société ou par des auteurs qu'il a sollicités sur les questions de société de toute nature qui font aujourd'hui débat : des transformations de la famille moderne aux enjeux bioéthiques, en passant par les défis du développement durable, de l'éducation ou de la mondialisation. Les ouvrages de la collection s'attachent à présenter des synthèses originales, claires et approfondies, associées à des propositions de réformes ou d'initiatives politiques concrètes.

Le Conseil d'analyse de la société a pour mission d'éclairer les choix et les décisions du gouvernement dans tout ce qui touche aux faits de société. Il est composé de trente-deux membres, universitaires, chercheurs, artistes, représentants de la société civile de toutes sensibilités politiques, dans les domaines des sciences humaines.

I

PLAIDOYER
POUR UNE POLITIQUE
DE LA JEUNESSE

par Luc Ferry

Le souci de la jeunesse tel qu'il se manifeste aujourd'hui dans le monde occidental est, à l'échelle de l'histoire, relativement nouveau. Il faut, pour le comprendre, pour percevoir aussi ce qui nous incline aujourd'hui à mettre toujours davantage l'enfance au centre de toutes nos préoccupations, mettre en perspective trois ruptures majeures avec le monde ancien. Je ne puis, ici, que les évoquer à grands traits, en me limitant à l'essentiel, mais elles pourraient aisément faire l'objet d'un livre entier.

Première rupture : celle qui oppose les sociétés modernes aux sociétés traditionnelles en général, qu'elles soient des « sociétés sauvages », pour reprendre le vocabulaire par lequel Lévi-Strauss pensait éviter les connotations fâcheuses de la vieille expression « sociétés primitives », ou des sociétés d'Ancien Régime, s'agissant de notre tradition européenne. Dans tous les cas de figure, comme l'a notamment montré Pierre Clastres dans ses travaux sur les Amérindiens, les sociétés traditionnelles sont tout entières organisées à partir d'une temporalité qui est celle du passé. On y respecte d'abord et avant tout les coutumes, les lois non écrites venant du fond des âges. Les anciens y sont vénérés parce qu'ils sont considérés comme les premiers dépositaires des traditions, tandis que les jeunes leur doivent obéissance et respect. Censés être plus proches des ancêtres, voire des dieux, ils sont chargés de garantir le maintien du *statu quo*, de prévenir toute velléité de changement et d'innovation. Pour les mêmes raisons, ces sociétés sont fondées sur l'hétéronomie, sur l'idée que les lois viennent aux hommes du dehors, que leurs sources ultimes proviennent d'entités divines extérieures et supérieures à l'humanité.

Nos sociétés modernes, à l'inverse – et pour nous, Français, ce grand basculement se lit d'abord et avant tout dans la révolution de 1789 –, sont résolument orientées vers l'avenir et fondées sur le principe de l'autonomie, principe incarné dans des Parlements. Du passé, elles entendent volontiers faire table rase, animées qu'elles sont par l'idée révolutionnaire, ou tout au moins réformiste. Elles s'appuient sur l'idéal du progrès, sur la conviction qu'il faut travailler à la construction d'un avenir meilleur. Alors que l'innovation est radicalement prohibée dans les sociétés traditionnelles, elle tend à devenir l'alpha et l'oméga des sociétés modernes, et ce dans tous les domaines, de l'art à la science en passant par la politique ou la mode. Du coup, pour des raisons évidentes, ce ne sont plus les vieux qui incarnent les valeurs les plus sacrées, celles de la tradition et de la coutume, mais au contraire les jeunes, qui symbolisent tout naturellement la génération « progressiste », celle d'une humanité qui sera forcément meilleure, à la fois plus libre, plus heureuse et plus savante que celle des temps anciens. Premier pas, donc, vers une valorisation de la jeunesse.

La *deuxième rupture* apparaît dans les années 1950. C'est dans ces années-là, en effet, dans cette période qui va de l'apparition du rock et des « blousons noirs » jusqu'à Woodstock et Mai 68, que la jeunesse va enfin se constituer en acteur social, économique, culturel et politique majeur. Les jeunes vont acquérir des codes vestimentaires, culturels et linguistiques qui leur seront propres : leur mode, leur musique, leur « parler à eux », mais aussi des types de consommation, des comportements politiques et des votes spécifiques.

La *troisième étape* vers la valorisation actuelle de la jeunesse, au premier chef en Occident, résulte tout simplement de l'invention, relativement récente, de la famille moderne, c'est-à-dire du passage du mariage arrangé par les parents, pour des raisons économiques ou lignagères, au mariage choisi par les jeunes gens au nom de l'épanouissement de leur vie affective. Cette révolution, bien que touchant d'abord la vie privée, n'en constitue pas moins, d'évidence, un « fait social global », un événement collectif qui, à son tour, entraîne trois conséquences majeures dans l'espace public : l'invention et la légalisation du divorce ; un regard inédit sur l'enfance ; et, corrélativement, un souci nouveau des « générations futures », souci qui tend chaque année davantage à remplacer les deux anciens fétiches de la politique traditionnelle que sont la Nation et la Révolution.

Fonder la famille sur l'amour passion, et non plus sur le lignage, l'économie et la biologie, comme on le fit tout au long du Moyen Âge, c'est, d'abord, inventer le divorce. Cette première conséquence du primat désormais accordé à l'amour comme valeur cardinale de la famille tient à une raison que nous ne pouvons plus ignorer aujourd'hui : la passion ne dure qu'un temps et, quand elle disparaît, qu'elle se transforme en indifférence ou en haine, c'est la séparation qui devient la norme. De là le problème majeur du couple moderne, facile à énoncer, mais difficile à résoudre, comme en témoigne justement la prolifération des divorces : comment transformer l'amour passion des débuts en un sentiment plus solide, une « amitié amoureuse », faite de tendresse et de complicité, de sorte que la famille puisse entrer dans une logique d'« affectivité durable » ? Quand le mariage était fondé sur d'autres considérations, sans aucun lien avec la passion sentimentale – la transmission du patrimoine et du nom à l'aîné, la gestion de l'exploitation agricole et la reproduction biologique nécessaire à la « fabrication » des bras indispensables à la vie domestique –, le fait de ne pas s'aimer n'était pas un motif de séparation, de sorte que le divorce pouvait sans dommage être prohibé. La légalisation quasi définitive du divorce en 1884 accompagne clairement la naissance du mariage d'amour dans la classe ouvrière – les classes bourgeoises, patrimoine économique oblige, suivront plus tard : dans les années 1950 encore, dans un milieu bourgeois, on ne se marie guère sans l'autorisation du père de famille, et ce dernier veille à éviter toutes les unions morganatiques. Aujourd'hui, 60 % environ des mariages se soldent par un divorce – et il est probable que, sans les enfants, le chiffre serait considérablement plus élevé.

Avec la victoire sans partage, dans les années 1950 (du moins en Occident), du mariage choisi par les jeunes gens au gré de leurs inclinations amoureuses, ce n'est pas seulement, en effet, le divorce qui devient légal et nécessaire : c'est aussi un amour des enfants jusqu'alors inconnu qui s'installe dans les familles. La raison en est d'ailleurs assez aisée à comprendre : les produits de l'amour, en général, sont aimés eux aussi. Bien entendu, les parents ont sans doute toujours été plus ou moins attachés affectivement à leurs enfants, ne fût-ce que pour des raisons biologiques, comme on le voit d'ailleurs parfois jusque dans le monde animal. Il n'en reste pas moins que l'invention du mariage d'amour et de la famille moderne a considérablement changé la donne. Comme le montrent les travaux des meilleurs médiévistes, et pas seulement ceux de Philippe Ariès – je pense notamment à Jean-Louis Flandrin ou à François Lebrun –, le Moyen Âge, comparé à nos jours, ne semble guère porté à l'amour des enfants. La mise en nourrice, très souvent, ressemble à une condamnation à mort : 30 % environ des petits sont abandonnés jusqu'au début du XIXe siècle – les contes de fées portant sur ce thème n'étant nullement fantasmatiques, comme certaines interprétations psychanalytiques ont pu parfois le laisser penser.

Sur ce point, les travaux de Viviana Zelizer, une économiste et sociologue américaine, professeur à l'Université Princeton, ont apporté un éclairage tout à fait décisif. Dans son livre, *Pricing the Priceless Child* (1985) – « Le prix de l'enfant qui n'a pas de prix[1] » –, Viviana Zelizer s'est

---

1. *Pricing the Priceless Child. The changing social value of children*, Princeton University Press, 1985, réédition avec une nouvelle préface en 1994 chez Princeton Paperback. La première partie du livre, qui porte sur la « sacralisation de la vie des enfants », est particulièrement instructive. Voir aussi le très intelligent compte rendu que Jeanne Lazarus a donné des œuvres de Viviana Zelizer dans un remarquable article intitulé « La famille n'a pas de prix. Une introduction aux travaux de Viviana Zelizer », qu'on trouvera facilement sur le Net, *in La Vie des idées.fr*.

intéressée aux changements radicaux intervenus en Amérique dans le rapport à l'enfance entre les années 1870 et 1930, c'est-à-dire au cours de la période où, comme en Europe, le mariage d'amour a progressivement remplacé le mariage traditionnel pour devenir la règle. Le cœur de son analyse réside dans l'idée suivante : il s'agit d'étudier ce qu'on pourrait appeler l'évolution du « prix » d'un enfant et, par là même, de la valeur affective qu'on lui accorde, à travers ces trois critères économiques, mesurables objectivement, que sont les jugements rendus par les tribunaux en cas d'accident mortel, les assurances-vie et le « marché » de l'adoption (lequel, tout à fait prohibé en Europe, existe bel et bien aux États-Unis).

Pour me borner ici au seul critère des accidents, les travaux de Zelizer montrent que, dans les temps anciens, disons avant les années 1930, les tribunaux évaluent l'indemnisation due aux parents, lorsque leur enfant a été tué par un tiers identifié, en fonction de la seule perte « économique » qu'ils subissent du fait de la disparition d'une « force de travail » (la plupart des enfants de 10 ans, à cette époque, travaillent) : l'affectivité et les sentiments blessés, le fameux *pretium doloris* des juristes, n'entrent nullement, à cette époque, en ligne de compte.

Viviana Zelizer compare, à cet égard, deux jugements qui illustrent parfaitement son propos. Le premier se situe en 1896. Il s'agit d'un procès intenté par des parents à la compagnie des chemins de fer de Géorgie, reconnue coupable de la mort, par accident, de leur enfant de 2 ans. Le jury déclare sans sourciller que la compagnie en question n'a rien à verser aux parents, attendu qu'à cet âge l'enfant ne gagne rien ! Jugement qui, bien évidemment, choque au plus haut point la conscience moderne mais qui, à l'époque, va presque de soi. Par contraste, en 1979, une clinique est condamnée à verser 750 000 dollars aux parents d'un petit garçon de 3 ans dont elle est reconnue coupable du décès intervenu au cours d'une opération. En clair, moins l'enfant possède d'utilité économique, plus il est sacralisé par l'amour, et plus il devient « hors de prix », dans les deux sens de l'expression : il est tout à la fois hors économie, à l'inverse de son homologue des années 1870, et d'une valeur inestimable – que les tribunaux doivent bien, malgré tout, estimer, mais par un montant qui eût semblé proprement délirant aux juges du XIXe siècle.

Viviana Zelizer décrit ainsi, pour les États-Unis et sur une période relativement brève correspondant à la temporalité historique de son pays, un processus tout à fait analogue à celui qui a marqué en Europe, mais sur un laps de temps bien plus étendu, l'évolution affective de la famille et du rapport à l'enfant. C'est avec beaucoup de clairvoyance et des arguments incontestables que Viviana Zelizer réfute la thèse, pourtant si populaire dans la sociobiologie anglo-saxonne, selon laquelle le manque d'amour qui entourait l'enfant dans les temps anciens aurait été tout simplement dû à un taux très élevé de mortalité enfantine, taux lui-même explicable par le manque d'hygiène, l'absence de médecins dignes de ce nom, l'état archaïque des sciences, etc. Investir affectivement dans un être aussi fragile que l'enfant des temps anciens eût été « émotionnellement déraisonnable », telle est l'opinion d'ordinaire avancée pour expliquer le manque d'amour dont il faisait l'objet. Viviana Zelizer, faisant du reste explicitement un parallèle avec les travaux des historiens européens du Moyen Âge français, renverse la perspective, de manière tout à fait convaincante et démonstrative : ce n'est pas parce que la mortalité enfantine baisse avec le progrès de la médecine moderne qu'on se met peu à peu à aimer ses enfants, mais, tout à l'inverse, c'est parce qu'on se met à les aimer, à la suite d'un changement d'attitude culturel et historique, que la mortalité commence à baisser[1]. Et, comme le remarquait Ariès à propos de la France du XVIIIe siècle – mais la remarque vaut parfaitement, avec un siècle de distance, pour le contexte américain que décrit Viviana Zelizer –, c'est avec l'époque moderne, avec la naissance du mariage d'amour, que l'affectivité, s'installant au cœur de la famille, va se traduire par la mise en place d'un système éducatif spécifique à l'enfant, destiné à servir son épanouissement personnel et non plus les intérêts économiques de ses parents : « La famille, écrit en ce sens Ariès, est devenue un lieu d'affection nécessaire entre les époux ainsi qu'entre parents et enfants, ce qu'elle n'était pas auparavant... La famille commence

______

1. *Pricing the Priceless Child. The changing social value of children, op. cit.*, p. 32 : « C'est seulement lorsque les enfants, dans toutes les classes sociales, commencèrent à être considérés comme des biens émotionnels à proprement parler hors de prix, que leur mort devint, non plus un incident domestique fâcheux, mais le signe d'une catastrophe collective. Les réponses qu'y apportèrent les individus et les groupent furent par conséquent préformées par un contexte culturel qui éleva la vie d'un enfant au rang de quelque chose d'unique et de sacré tandis que sa mort devint singulièrement tragique. »

alors à s'organiser autour de l'enfant, à lui donner une importance telle qu'il sort de son ancien anonymat, qu'on ne peut pas sans grande peine le perdre et le remplacer, qu'on ne peut pas non plus le répéter trop souvent et qu'il convient de limiter son nombre pour mieux s'en occuper[1]. »

La limitation des naissances, à l'encontre là encore d'une idée des mieux reçues sans examen historique et critique, n'est pas tant due aux progrès de la contraception que, paradoxalement, à ceux de l'amour qui suppose, en effet, qu'on puisse en quelque sorte se concentrer sur l'objet de ses affections. Il est clair, en effet, que la fondation du mariage sur le sentiment ne pouvait pas ne pas changer radicalement la donne et susciter un amour passionnel des enfants jusqu'alors inconnu.

---

1. Philippe Ariès, *L'Enfant et la Vie familiale sous l'Ancien Régime*, Paris, Seuil, 1975, préface.

COMMENT LES RÉVOLUTIONS DE LA VIE PRIVÉE
CHANGENT LA DONNE AUSSI
SUR LE PLAN PUBLIC ET POLITIQUE

C'est à l'évidence cette mutation fondamentale qui va, sans qu'on s'en aperçoive, faire émerger une nouvelle question politique cruciale, celle qui est en passe de remplacer progressivement ces anciens foyers de sens que furent la nation à droite et la révolution à gauche : quel monde allons-nous laisser à ceux que nous aimons le plus ? Cette question va rouvrir l'avenir, elle donnera du sens et permettra dans une certaine mesure de légitimer à nouveau certaines formes de sacrifice.

Mais la vraie nouveauté, c'est que, à la différence des anciennes valeurs mortifères de la nation et de la révolution qui avaient animé l'essentiel de la politique moderne depuis des siècles, elle n'est pas transcendante par rapport à l'humanité, mais incarnée en elle, de sorte que les efforts qu'elle requiert ne sont plus nécessairement mortels. Ce sont ainsi toutes les questions cruciales de la grande politique qui vont se recomposer sous son égide, c'est-à-dire sous la bannière du souci à moyen et à long terme des générations futures : celle de la dette publique, bien sûr, mais aussi celles du choc des civilisations, de la régulation financière et écologique, de la protection sociale dans ce jeu de *dumping* économique et commercial qu'on appelle la « mondialisation ». Par où l'espoir commence à poindre qu'on puisse un jour dépasser enfin ce fléau des sociétés occidentales modernes qu'est le « court-termisme », redonner, grâce au souci de ceux qui viennent après nous, non seulement le goût de l'effort, voire le sens du sacrifice raisonnable, mais aussi le souci du long terme. On le voit déjà, pour une part au moins, dans l'écologie contemporaine, à vrai dire le seul mouvement politique nouveau depuis deux siècles : nouveau parce qu'il fut le premier à comprendre le sens et la portée de la question des générations futures.

LA SITUATION PARADOXALE DE LA JEUNESSE :
MEILLEURE QUE JAMAIS SUR LE LONG TERME,
EN RÉGRESSION CEPENDANT SUR LE COURT TERME

Si l'on tient compte de cette triple perspective historique, la situation actuelle des jeunes Européens de l'Ouest apparaît aujourd'hui tout à fait paradoxale : elle est tout à la fois meilleure que jamais au regard du temps long et, pourtant, en phase de régression sur les toutes dernières années – ce qui explique sans doute le « ressenti » terriblement pessimiste des jeunes Français (voir plus loin les analyses très détaillées de Nicolas Bouzou).

Objectivement, en effet, la situation des jeunes est à de nombreux égards plus favorable que jamais par le passé. Être jeune dans l'Europe des années 1930, avec une crise économique effroyable et la perspective d'une Seconde Guerre mondiale, devait sans doute être autrement plus angoissant que se trouver dans la situation actuelle de nos démocraties paisibles et, malgré tout, encore fort prospères, démocraties où nos enfants sont entourés de parents aimants et attentifs à leur sort comme jamais dans l'histoire de l'humanité. Pour dire les choses simplement, j'appartiens, dans ma famille, à la première génération de garçons qui ne part pas pour la guerre. Mes oncles ont fait celle d'Algérie, mon père celle de 1939-1940, mes grands-parents celle de 1914-1918, et ainsi de suite presque sans interruption jusqu'aux guerres de Hollande de Louis XIV !

Si l'on n'aime pas l'histoire et qu'on ne veut pas s'intéresser aux décennies passées, jugées trop lointaines au regard de notre passion invétérée pour le présent, qu'on observe la géographie : on y lira la même chose, très exactement. Être jeune en Tunisie, en Égypte, au Yémen ou en Syrie, pour évoquer des pays où la jeunesse se révolte aujourd'hui contre les dictatures de tyrans corrompus, est sans doute moins aisé que de faire tranquillement ses études dans notre si agréable et si séduisant quartier Latin. Il suffit, sans même évoquer des pays en guerre, de se promener un peu en Afrique, en Inde ou en Corée du Nord pour mesurer à quel point nos vieilles démocraties, tant décriées par les « Indignés », sont douces et prospères pour qui veut bien se donner la peine d'y trouver sa place et travailler assez pour y parvenir.

Pourtant, notre jeunesse semble plus désarçonnée, plus pessimiste, plus inquiète et plus dépressive que toutes celles du tiers-monde réunies. Comme en témoigne une enquête récente menée par la Fondation pour l'innovation politique, 17 % seulement d.es jeunes Français sont optimistes touchant l'avenir de leur pays (nous sommes, sur ce point, au même niveau que la Grèce !), contre 83 % des jeunes Indiens, 72 % des Brésiliens ou encore 67 % des Marocains ! Comment rendre compte de ce phénomène singulier qui préoccupe la plupart des familles ? Après avoir dit ce que ce sentiment pouvait avoir de fallacieux, il est juste d'essayer aussi de comprendre ce qu'il peut avoir de légitime et d'objectivement fondé.

Comme le montre ici même, faits et arguments à l'appui, Nicolas Bouzou, sur plusieurs points importants, la situation des jeunes s'est en effet détériorée au cours de la dernière décennie par rapport à celle des générations précédentes – et nous savons bien que, même en restant à un niveau assez élevé, voire très élevé relativement au reste du monde comme aux époques antérieures, c'est le phénomène de régression en tant que tel qui est toujours perçu comme pénible par les individus.

D'abord, en termes de *dynamique*, alors que dans les années 1970 les revenus des jeunes actifs augmentaient de 4 à 5 % l'an, ils sont aujourd'hui en stagnation. En termes d'*écart* avec les seniors, les distances se sont aussi creusées dans le même laps de temps, tandis que les *risques* augmentaient, au sens où l'entrée dans la vie active est aujourd'hui beaucoup plus difficile que dans les années 1970. La prime au diplôme, et même au « bon diplôme », est plus importante que jamais :

dans les années 1970 toujours, on comptait environ 10 % de chômeurs chez les autodidactes – chiffre qui passe à 50 % aujourd'hui.

L'accès au logement, préoccupation cruciale pour les jeunes, devient de plus en plus difficile.

Par-delà ces sujets de préoccupation particuliers, l'avenir semble plus ou moins plombé par trois phénomènes de fond.

D'abord, l'ampleur de la dette publique, que les gouvernements successifs ont laissée s'installer au fil des trente dernières années, pèsera lourd dans l'avenir des jeunes générations. Ensuite, la concurrence avec les « nouveaux entrants » – l'Inde, la Chine, le Brésil – peut légitimement inquiéter. Enfin, c'est la question de l'écologie qui tend à prendre une forme nouvelle et angoissante : celle d'une antinomie, autrement dit d'une contradiction entre deux thèses absolument opposées et pourtant également vraies. D'un côté, la croissance mondiale semble, en l'état, intenable. Étant donné la démographie de l'Inde et de la Chine, étant donné que ces deux pays entrent résolument dans une logique de production et de consommation à l'occidentale, il faudra bientôt les ressources de plusieurs planètes pour alimenter leur développement. Mais, d'un autre côté, la décroissance est invendable politiquement et impraticable socialement : personne, pas même les Verts, ne peut imaginer un parti politique qui viendrait devant les électeurs en proposant des faillites pour les entreprises et du chômage pour les citoyens – ce qu'en l'état actuel des choses une politique de décroissance impliquerait pourtant.

Voilà quelques-uns des motifs qui peuvent expliquer le pessimisme impressionnant des jeunes Français. J'ai dit en quoi il était largement injustifié au regard de l'histoire passée, et sans doute aussi à venir, car les problèmes que je viens d'évoquer ne sont pas insurmontables. Il fallait cependant tenter de comprendre ce que ce sentiment pouvait malgré tout avoir en partie de légitime. Ce qui est clair, à tout le moins, c'est que, pour toutes les raisons que j'ai indiquées et qui sont liées en grande partie aux évolutions de la famille moderne, la question de l'avenir de notre jeunesse va devenir de plus en plus centrale dans la vie politique. Certains décideurs l'ont déjà compris, mais ils sont finalement peu nombreux. Plus rares encore sont ceux qui perçoivent combien cette fameuse « angoisse des jeunes » dont on nous rebat les oreilles... est au moins autant, sinon plus, celle des parents – de sorte qu'en définitive la question de l'avenir des générations futures touche la population tout entière. Il est temps de ne plus en laisser le monopole aux écologistes, temps de percevoir qu'elle va infiltrer tous les sujets particuliers : la dette, bien sûr, mais aussi, comme je l'ai indiqué dans cette note, toutes les autres grandes questions politiques classiques, de celle de la régulation et de la gouvernance mondiale à celle du choc des civilisations, en passant par toutes les questions sociales essentielles.

Il serait bon qu'elle soit, à cet égard, enfin au centre des préoccupations politiques, notamment à l'occasion de la prochaine campagne électorale.

PLAIDOYER POUR UNE EXTENSION
DU SERVICE CIVIQUE

On trouvera à la fin de notre ouvrage une série de propositions, certaines très concrètes et directement profitables aux jeunes, d'autres plus générales et intéressant sans doute davantage leurs familles. L'une d'entre elles me paraît particulièrement importante : elle devrait être au cœur d'une politique de jeunesse digne de ce nom. Il s'agit de la montée en puissance du service civique dont nous avons conçu ici même, au sein du Conseil d'analyse de la société, les principales caractéristiques. Il s'inspire très directement de l'opération « Envie d'agir » que j'avais mise en place lorsque j'étais ministre de la Jeunesse.

En 2007, à la demande du président de la République et du Premier ministre, le Conseil d'analyse de la société a auditionné de très nombreuses personnalités – chefs de partis politiques, syndicalistes, représentants des associations de jeunesse, des associations caritatives, présidents d'université, chefs d'entreprise, etc. Nous avons ensuite travaillé pendant plus d'un an pour répondre à toutes les questions concrètes que pose la mise en œuvre d'un tel projet : quelle durée faut-il envisager – trois mois, six mois, un an, des périodes ? Quel budget en fonction de cette durée et du nombre de jeunes concernés ? Quelles tâches leur confier (étant entendu qu'il faut éviter les stages « photocopie-café » qui ne sont d'aucune utilité pour personne) ? Comment vérifier que les missions seront bien d'intérêt général, comment éviter qu'elles n'empiètent, surtout en période de chômage, sur l'emploi marchand ? Sur quels critères habiliter les associations qui vont offrir ces projets ? Faudra-t-il héberger les jeunes, les nourrir, les habiller, faut-il les rémunérer et, si oui, de quel montant, avec quelle protection sociale ? Comment instaurer une vraie mixité sociale, créer à cette fin des chantiers collectifs plutôt que des engagements individuels ? Fallait-il instaurer une agence pour gérer le dispositif ? Comment s'assurer qu'on n'allait pas donner naissance à une nouvelle usine à gaz ? Etc. Bref, nous nous sommes vraiment plongés dans le sujet, qui est en vérité infiniment plus complexe qu'on ne l'imagine *a priori*.

Sur ces questions et quelques autres, notre rapport[1] s'est attaché à explorer toutes les hypothèses, à les budgéter, ainsi qu'à proposer chaque fois des solutions. Une question a hanté notre travail : un tel service doit-il être obligatoire ou volontaire ? À l'évidence, un service obligatoire poserait, s'il devait s'imposer dans l'immédiat, des problèmes insolubles, et pas seulement sur le plan budgétaire. Pour une période de six mois, il reviendrait environ à 5 milliards d'euros par an,

---

1. *Cf.* Luc Ferry, *Pour un service civique*, Paris, Odile Jacob, 2008.

ce qui peut paraître dissuasif. Mais il y a plus grave : le vrai problème, c'est que nous ne sommes pas en mesure de proposer sans délai, tant s'en faut, les 700 000 « postes » de qualité qu'il faudrait offrir aux jeunes, si toute une génération était appelée à accomplir un tel service ! En outre, les associations susceptibles de les accueillir sont toutes, sans exception aucune, hostiles à une obligation qui tue à leurs yeux l'idée même d'engagement et pose des problèmes insolubles de simple police (que faire, par exemple, en cas de « désertion », d'insubordination, etc.). Toutes les personnalités que nous avons auditionnées se sont rendues à l'évidence, y compris celles qui défendaient le plus ardemment la nécessité d'un caractère obligatoire d'un tel service : il faut, au moins pendant quatre ou cinq ans, mettre provisoirement le problème de côté et faire monter le dispositif en puissance autant qu'il est possible, pour passer, le cas échéant, en fin de parcours, à un service obligatoire.

Raison de plus pour ne pas commencer en jouant petit bras. Aujourd'hui, le service civique, tel que nous l'avons conçu, est mis en place. Une agence a été créée, comme nous le demandions, présidée par Martin Hirsch, qui est chargée de mettre en œuvre nos propositions. Il faudrait, ainsi pensons-nous, que des moyens suffisants soient donnés à un tel projet pour qu'il puisse progressivement concerner 20 % d'une classe d'âge. Bien entendu, étant donné les difficultés actuelles touchant les finances publiques, cela ne peut se faire qu'à budget constant. Pour y parvenir, il suffirait de faire passer vers le service civique une petite partie du budget réservé aux différentes formes d'« emplois-jeunes » (peu importe le nom qu'on leur donne aujourd'hui). Il ne s'agirait évidemment que d'un transfert budgétaire, les deux « philosophies » qui sous-tendent ces projets – les emplois-jeunes d'un côté, le service civique de l'autre – restant radicalement différentes.

Nous espérons que les autres mesures retiendront aussi l'attention. Elles devraient à nos yeux former le cœur d'une politique de jeunesse digne de ce nom. Elles devraient aussi permettre de nourrir enfin le grand discours à la jeunesse que les jeunes et leurs familles attendent depuis si longtemps de la part de responsables politiques de premier plan.

II

MATÉRIAUX
POUR UN DISCOURS
À LA JEUNESSE

par Nicolas Bouzou

Les jeunes constituent par définition l'avenir d'une société et, en resserrant un peu le regard, l'avenir d'une économie. C'est pourquoi parler de la jeunesse, c'est parler du futur de l'économie qui nous concerne tous, quel que soit notre âge. Passer par le prisme de la jeunesse, c'est s'obliger à réfléchir sur l'avenir de l'économie française. Plus encore, proposer une politique économique pour la jeunesse, c'est en réalité proposer une politique économique pour l'ensemble de la société, mais qui ne sacrifie pas demain. Faisons un pas de plus : proposer un programme d'action économique centré sur la jeunesse, ce n'est justement pas faire preuve de jeunisme. C'est au contraire voir large, c'est évoquer tous les problèmes, mais en essayant de se projeter plus loin qu'à l'habitude.

L'économiste qui rédige ces lignes est perplexe quant à la place qui est réservée aux jeunes dans notre économie. D'un côté, le secteur privé a semblé ériger la jeunesse en vertu cardinale, presque jusqu'à la nausée (à coups d'antirides, d'antioxydants, de produits antivieillissement...). De l'autre, les pouvoirs publics ont mené ces dernières décennies des politiques souvent court-termistes, se traduisant par un endettement public croissant, destiné pour l'essentiel à financer des dépenses immédiates, non des investissements (on note avec réconfort des exceptions pendant la période récente, notamment la création des pôles de compétitivité, l'extension du crédit-impôt recherche, la loi sur l'autonomie des universités ou les « investissements d'avenir »). Quant à la famille, elle n'a jamais semblé avoir autant aimé et couvé ses petits, parfois jusqu'à l'excès. Drôle de paysage : les vieux doivent être jeunes, mais les politiques publiques sont loin de favoriser les jeunes, lesquels sont, en retour, couvés par leur famille. Avec pour résultat une sorte d'anesthésie du risque : comment ne pas faire le lien entre le piètre accueil que notre économie réserve à la jeunesse et le fait que la jeunesse se détourne de l'entreprise privée ? Ainsi, de nombreux observateurs (dont l'auteur de ces lignes) ont été émus d'apprendre que près d'un tiers des 18-25 ans souhaitaient devenir fonctionnaires. Non pas que servir l'État soit critiquable en soi. Simplement, on peut légitimement s'inquiéter quand on voit une grande partie des jeunes vouloir s'abriter du risque économique (abri de plus en plus fragile, soit dit en passant, au regard des efforts de restructuration que les États développés vont devoir consentir ces prochaines années). Et voilà notre économie enfermée dans un antipathique cercle vicieux : une politique économique orientée vers le court terme, des politiques qui protègent les adultes au détriment des jeunes, des jeunes qui se détournent de l'économie marchande, une économie marchande qui se fatigue.

Pour reprendre le langage de l'économiste, cet « arrangement institutionnel » est « sous-optimal ». Il faut donc le modifier. On se propose ici de préciser ce diagnostic et d'avancer des propositions susceptibles d'apporter des solutions aux problèmes qu'il met en évidence.

LE MANQUE DE CONFIANCE
DES JEUNES FRANÇAIS

Plusieurs enquêtes récentes sont venues confirmer ce que l'on sentait plus ou moins confusément : la jeunesse française ressent globalement une forme de mal-être, surtout par comparaison à la jeunesse des autres pays. La dernière étude réalisée par la Fondation nationale pour l'innovation politique (*La Jeunesse du monde*, Fondation nationale pour l'innovation politique, 2011) sur ce sujet a été particulièrement commentée. Il faut dire que ses résultats sont édifiants. Par exemple, 53 % seulement des jeunes Français interrogés considèrent leur avenir comme prometteur, plaçant notre pays à la vingtième position dans un classement portant sur vingt-cinq nations. On peut retourner la réponse en déduisant que près d'un jeune sur deux n'a pas vraiment confiance en son propre avenir. Plus spectaculaire : seulement 17 % des jeunes Français interrogés croient en l'avenir de la France. Ce chiffre est le plus bas de tout l'échantillon, à égalité avec la Grèce !

Part des 16-29 ans répondant par l'affirmative

	Mon avenir est prometteur	L'avenir de mon pays est prometteur
Inde	90	83
Brésil	87	72
États-Unis	81	37
Mexique	81	23
Russie	81	59
Israël	81	49
Afrique du Sud	81	43
Canada	79	65
Australie	78	63
Maroc	77	67
Finlande	75	61
Pologne	75	37
Suède	75	63
Royaume-Uni	74	34
Turquie	74	43
Chine	73	82
Roumanie	70	25
Estonie	69	39
Allemagne	56	25

	Mon avenir est prometteur	L'avenir de mon pays est prometteur
France	53	17
Espagne	50	20
Italie	50	22
Hongrie	49	25
Grèce	43	17
Japon	43	24

Source : *La Jeunesse du monde*, Fondation nationale pour l'innovation politique, 2011.

Des résultats si spectaculaires permettent difficilement de soutenir l'idée d'un biais pessimiste irrationnel propre à la France. Bien sûr, on retrouve un hiatus fréquent entre des jeunes qui sont beaucoup plus confiants quant à leur avenir individuel que quant à l'avenir de leur pays. Il n'empêche, ne faisons pas l'autruche : ces résultats ne sont pas bons. D'autant que la jeunesse française présente d'autres particularités, au premier rang desquelles le prestige du fonctionnariat. C'est ce qu'a montré un sondage Louis Harris, lui aussi largement commenté, publié en mai 2011. À la question : « Dans l'idéal, vous souhaiteriez être/auriez aimé être ? », 30 % des individus âgés de 18 à 24 ans répondent « Fonctionnaire ». C'est le premier choix, et les jeunes sont plus nombreux que la population française dans son ensemble (26 %) à apporter cette réponse. Le deuxième choix des jeunes est le salariat (27 %), suivi du travail indépendant (24 %). Il est intéressant de remarquer que, pour les Français de tous âges, le travail indépendant arrive en deuxième et non pas en troisième position.

De ce sondage, on peut tirer au moins trois conclusions :

— La jeunesse française semble avoir une préférence marquée pour la sécurité, et rejette le risque. Surtout, elle le fait dans des proportions plus importantes que la moyenne des Français. Il est difficile de ne pas y voir le reflet d'une certaine défiance par rapport à l'économie telle qu'elle est, défiance peut-être entretenue par l'Éducation nationale.

— Elle va au-devant de grandes frustrations, dans la mesure où la situation des finances publiques ne permettra pas, ces prochaines années, de remplacer les postes de fonctionnaires partant en retraite. Autrement dit, le nombre d'emplois dans la fonction publique (centrale comme territoriale) devra se réduire. C'est dans le secteur marchand que devront se créer les nouveaux postes, et plutôt dans les petites et moyennes entreprises (les grandes entreprises du CAC40 recrutent de plus en plus à l'étranger désormais, prioritairement dans les pays émergents).

— Les entreprises, pour le moins, n'ont pas su créer l'envie de les rejoindre. Chacun doit accepter ses responsabilités dans cette histoire. On peut brocarder une jeunesse qui semble adverse au risque. On ne peut pas éluder le rôle des responsables d'entreprises (confédérations, fédérations professionnelles, grandes entreprises…) qui renvoient une image globalement négative.

En tout cas, toutes ces enquêtes montrent bien qu'il existe, pour le moins, une anxiété propre à la jeunesse. Reste à en analyser les causes. Car le plus élémentaire souci d'objectivité commande de trouver une justification rationnelle, si possible testable sur des données chiffrées, à ce pessimisme : on ne saurait se contenter d'essayer de convaincre les jeunes qu'ils se trompent !

Un autre point mérite d'être souligné. Circule en France l'idée selon laquelle le pessimisme des jeunes serait entretenu par une classe de sexagénaires qui refuserait l'évolution rapide du monde et l'adaptation du modèle français. Ces *baby-boomers* trusteraient un certain nombre de places et refuseraient de laisser leur chance aux jeunes. Il est difficile de corroborer ou de réfuter de façon rigoureuse cette affirmation. Cela dit, un certain nombre d'observations conduisent à penser qu'elle est fausse. D'une part, les sexagénaires sont plus optimistes que les jeunes. Ce ne sont donc pas eux qui transmettent leur mauvaise humeur (ils sont en moyenne très heureux), et le pessimisme français n'est pas la conséquence de la pyramide des âges. D'autre part, l'opposition entre jeunes et *baby-boomers* est stérile, dans la mesure où les jeunes se plaignent plutôt, au contraire, du manque de dispositifs d'accompagnement qui leur permettraient de profiter de l'expérience de leurs aînés (dans l'entreprise par exemple)[1].

-----

1. Ma propre expérience (âgé de 35 ans, on me considère encore généralement comme un économiste « jeune ») m'amène à penser que, dans ma profession, une moitié des aînés voit l'arrivée de jeunes experts comme une menace, voire comme une attaque, l'autre moitié comme une heureuse source d'innovations. Tant pis pour les premiers, et je suis ravi de travailler avec les seconds !

LES JUSTIFICATIONS OBJECTIVES DE L'ANXIÉTÉ DE LA JEUNESSE

Se demander si le manque de confiance de la jeunesse est légitime peut servir de point de départ à l'analyse. Après tout, ce n'est pas parce qu'une partie de l'opinion publique ressent quelque chose qu'elle a forcément raison. En outre, le fait que le niveau de vie soit relativement bas à 20 ans, qu'il atteigne un pic à un peu plus de 50 ans et qu'il décroisse ensuite n'est pas nouveau. De ce point de vue, les années récentes ne se distinguent pas des précédentes. De même, l'évolution du bonheur par âge a toujours suivi une courbe en U, avec un creux pendant la quarantaine (la fameuse *mid-life crisis*), et un sommet au moment de la soixantaine. Les jeunes sont en moyenne moins heureux que les seniors. Bien sûr, la forme exacte de ce U évolue avec le temps, mais le fait qu'il s'agisse d'un U est intangible. Vouloir rendre les jeunes aussi heureux que les sexagénaires serait tout à la fois terrifiant et impossible.

En outre, les indices de bonheur ont un caractère élastique. Autrement dit, ils peuvent s'écarter temporairement d'une moyenne, mais ils tendent à y revenir. L'Insee a récemment et opportunément rappelé que, pour l'ensemble de la population, la part des personnes satisfaites de leur situation était étonnamment constante, comprise entre 70 et 80 %[1]. Depuis 1975 pourtant, le revenu moyen s'est accru (certes à un rythme modéré), l'espérance de vie à la naissance a augmenté, il n'y a plus eu de guerre mondiale, le nombre d'accidents de la route a diminué… Et, pourtant, les Français ne sont pas plus heureux ! Preuve que les indices de bonheur ou de bien-être sont de piètres guides pour les politiques publiques. Les politiques économiques, en particulier, doivent être conduites en fonction d'indices statistiques « durs », et non seulement d'indicateurs de confiance.

D'ailleurs, la situation économique *moyenne* des jeunes aujourd'hui est objectivement meilleure que la situation économique *moyenne* des jeunes des générations précédentes. Ce point est à mettre en relation avec l'augmentation globale de la production par habitant depuis la guerre (ou même

---

1. Cédric Afsa, Vincent Marcus, *Le bonheur attend-il le nombre des années ?*, Paris, Insee, « France, Portrait social », 2008.

depuis la fin du XVIIIe siècle, si l'on omet les phases de guerre) et donc avec l'augmentation globale du revenu par habitant. C'est à partir de 1820 que l'on note un triple phénomène : forte accélération de la production, augmentation de la population, forte croissance du PIB par tête. La rationalité du siècle des Lumières, la démocratie parlementaire au Royaume-Uni, l'invention de la machine à vapeur, tout se conjugue pour permettre à l'économie mondiale, pour la première fois dans l'histoire de l'humanité, de décoller. C'est aussi à partir du XIXe siècle que l'on note une amélioration très nette du confort de vie. Avant la révolution industrielle, le niveau de vie d'une génération à l'autre ne progressait que lentement. Après la révolution industrielle, tout change. Prenons l'un des meilleurs indicateurs de confort qui soit : l'espérance de vie à la naissance. En 1750, avant la révolution industrielle, on vit en moyenne jusqu'à 25 ans (la mortalité infantile est énorme). En 1820, l'espérance de vie s'établit à 37 ans. En 1900, elle est déjà à 47 ans, puis à 65 ans en 1950, à 79 ans en 1999. Elle dépasse 80 ans aujourd'hui, et atteint même 84,5 ans pour les femmes.

Même en resserrant l'analyse sur une période plus récente, et en se limitant à la France, l'amélioration moyenne des conditions de vie est frappante. Ainsi, le pouvoir d'achat par ménage a plus que doublé depuis 1960 (même si son rythme d'augmentation est irrégulier : très fort jusqu'à 1975, plus chaotique ensuite, mais en progression tout de même). L'espérance de vie à 20 ans a gagné dix années pendant cette période, aussi bien pour les hommes que pour les femmes. Preuve que les jeunes (et les plus âgés) gagnent à l'amélioration des conditions sanitaires, laquelle n'a pas seulement fait baisser la mortalité infantile.

Pouvoir d'achat par ménage

Unité : base 100 en 1960.
Source : Insee.

Espérance de vie à 20 ans

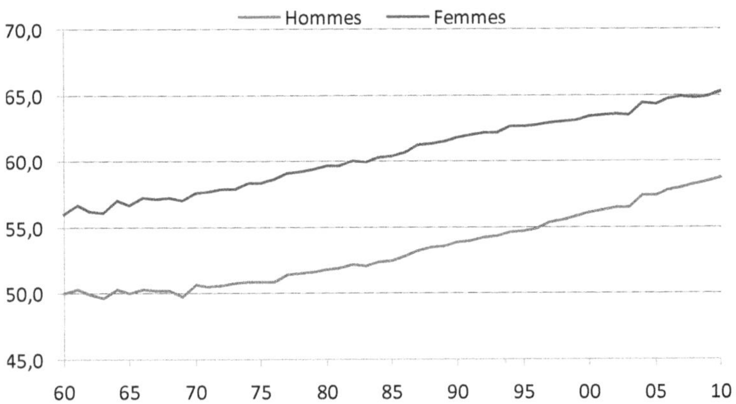

Unité : nombre d'années.
Source : Insee.

Enfin, la jeune génération n'a pas eu à partir pour la guerre. Mieux, elle vit dans un monde plus sûr que les précédentes. Pour prendre beaucoup de recul sur un débat brûlant en France, même l'insécurité est tombée, dans nos pays développés, à des niveaux très faibles. C'est ce que montrent les chiffres du criminologue Manuel Eisner sur l'évolution des taux d'homicides (guerres non comprises) pendant huit siècles[1] :

---

1. Cité dans Steven D. Levitt, Stephen J. Dubner, *Freakonomics*, Paris, Denoël, 2007. La France n'est malheureusement pas couverte par ces recherches.

Homicides pour 100 000 personnes

Siècle	Grande-Bretagne	Pays-Bas et Belgique	Scandinavie	Allemagne et Suisse	Italie
XIIIe-XIVe	23,0	47,0	—	37,0	56,0
XVe	—	45,0	46,0	16,0	73,0
XVIe	7,0	25,0	21,0	11,0	47,0
XVIIe	5,0	7,5	18,0	7,0	32,0
XVIIIe	1,5	5,5	1,9	7,5	10,5
XIXe	1,7	1,6	1,1	2,8	12,6
1900-1949	0,8	1,5	0,7	1,7	3,2
1950-1994	0,9	0,9	0,9	1,0	1,5

Si l'on s'en tient aux statistiques moyennes, alors non, les jeunes n'ont décidément pas à se plaindre.

Toutefois, s'enfermer dans ce discours reviendrait à passer outre deux points cruciaux. Premièrement, les jeunes Français ne semblent pas globalement malheureux. En revanche, ils n'ont pas confiance dans l'avenir de leur pays, ce qui semble anesthésier au moins partiellement leur capacité à prendre des risques (en témoigne la part des jeunes souhaitant devenir fonctionnaires). Ce manque de confiance, en retour, est susceptible d'avoir des conséquences négatives sur le potentiel de croissance de l'économie française. Deuxièmement, la confiance en économie est peu liée à un simple niveau de revenu. Elle est une question moins de *niveau* que de *croissance*, d'*écart-type* et, on va le voir, de *volatilité*.

Depuis les années 1970 et les travaux de l'économiste américain Richard Easterlin, l'analyse économique du bonheur a accouché de quelques résultats bien établis :

— La confiance dépend des variations anticipées du bien-être (du « bonheur », pour employer un terme moins pudique).

— Dans les pays pauvres, une variation positive des revenus engendre une forte hausse du bien-être. (1)

— Dans les pays riches, la progression des revenus a peu d'impact sur le bien-être. (2)

— Dans les pays riches, ce sont les variations relatives des revenus qui importent. Autrement dit, on perd confiance quand on a le sentiment de décrocher par rapport au reste de la population, et non pas seulement dans l'absolu. (3)

— Un choc négatif, comme un accident grave, ou un choc positif, comme gagner à la loterie, ont un impact transitoire sur le niveau de bien-être, qui finit par retrouver son niveau antérieur. Une exception : le chômage, qui crée une perte durable de bien-être. En conséquence, la peur du chômage affecte fortement la confiance. (4)

— Le courant de l'« économie comportementale » a quant à lui montré que les individus étaient cognitivement adverses au risque (ils préfèrent la stabilité et la prévisibilité). En matière de revenus, ils ont une préférence pour la stabilité, d'où la réticence à évoluer dans un contexte où les trajectoires de carrière, surtout au début, peuvent être instables. (5)

Le point (1) explique que les Chinois (y compris les jeunes) soient en moyenne plus confiants que les Français, alors même que le revenu moyen d'un Chinois est encore beaucoup plus faible que celui d'un Français. Le revenu des Chinois converge progressivement avec les revenus observés dans les pays de l'OCDE. Autrement dit, la dynamique économique mondiale vivifie la confiance des Chinois, endort la méfiance des Français.

Les points (2) (3) (4) (5) permettent de saisir ce qui différencie la jeunesse d'aujourd'hui de, par exemple, la jeunesse des années 1950 et 1960, au-delà d'un niveau de vie nettement plus élevé :

— La croissance de ses revenus est plus faible, et le coût relatif de l'accès au logement (y compris le coût réel de l'endettement) s'est considérablement accru. Les statistiques de l'Insee montrent par exemple que le taux d'effort des moins de 25 ans (c'est-à-dire la dépense totale annuelle consacrée au logement nette des aides au logement rapportée au revenu disponible) est passé de 12,3 % en 1984 à 22 % en 2006. Cette augmentation a été plus forte pour les jeunes que pour le reste de la population.

— L'écart de revenus entre les jeunes et le reste de la population s'est nettement creusé ces dernières années (la France est même l'un des rares pays de l'OCDE où le niveau de vie des retraités est supérieur à celui des actifs), cet écart étant largement la conséquence de la montée du chômage des jeunes. En outre, un jeune de 20 ans aujourd'hui doit fournir plus d'efforts qu'un jeune du même âge dans les années 1960. En effet, on peut montrer économétriquement que la contribution de l'« effet générationnel » au niveau de vie a décru pour les générations récentes. Le niveau de vie à une date donnée dépend de trois facteurs : un « effet d'âge » (on a un niveau de vie plus important à 50 ans qu'à 25 ans), un « effet date » (on a un niveau de vie plus élevé en période de croissance et de plein-emploi qu'en période de récession et de chômage de masse) et un « effet génération » (le niveau de vie dépend de la situation économique du moment où l'on est entré dans l'âge adulte). Lelièvre, Sautory et Pujol[1] ont montré que la génération ayant le plus bénéficié de ce dernier effet est celle de 1946. Depuis, cet effet a presque constamment reflué.

---

1. M. Lelièvre, O. Sautory et J. Pujol, *Niveau de vie par âge et par génération entre 1996 et 2005*, Paris, Insee, « Les revenus et le patrimoine des ménages », 2010.

Niveau de vie des 18-24 ans/niveau de vie moyen de la population

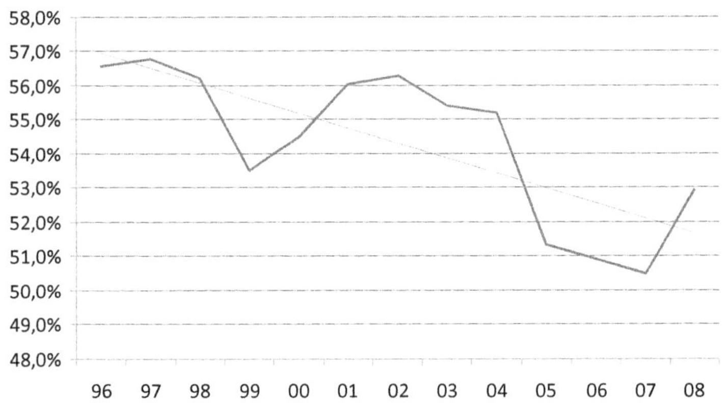

Source : Insee.
Calculs de l'auteur.

Niveau de vie des 65-74 ans/niveau de vie moyen de la population

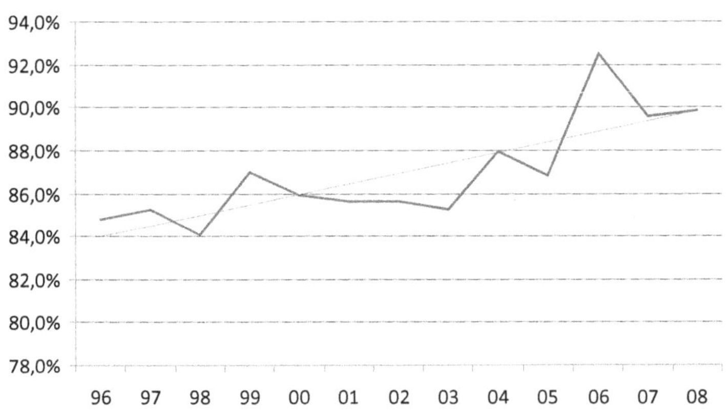

Source : Insee.
Calculs de l'auteur.

— Les perspectives économiques de la jeunesse sont beaucoup plus incertaines que pour les générations précédentes, même si le niveau de vie moyen s'est accru.

Ce dernier point mérite un développement. En effet, les pays de l'OCDE évoluent aujourd'hui dans un environnement économique marqué par une mutation d'une ampleur comparable, si ce n'est supérieure, à la révolution industrielle du XIXe siècle, voire au passage du paléolithique au néolithique. Ces mutations sont, pour les jeunes, porteuses tout à la fois d'opportunités extrêmes et de risques extrêmes.

PREMIÈRE ÉVOLUTION : UNE ÉCONOMIE MONDIALE PLUS RISQUÉE, UNE « PRIME AU DIPLÔME » PLUS FORTE

Le début des années 1990 a signé l'entrée dans l'économie de marché d'environ 1 milliard d'individus. Sur ce milliard d'individus, 400 millions sont venus s'ajouter à la classe moyenne mondiale. Évidemment, ils viennent des pays émergents et ont bénéficié des réformes entreprises en

Chine à partir de la fin des années 1970, et dans les autres pays (Europe de l'Est, Inde, Amérique latine, Maghreb...) dans les années 1990. Ces 400 millions de personnes sont devenues à la fois nos clients potentiels et nos concurrents. Elles perçoivent des salaires beaucoup plus faibles que dans les pays développés et bénéficient de mécanismes de protection sociale encore embryonnaires. Ainsi, le coût unitaire du travail (c'est-à-dire le ratio des coûts salariaux à la productivité), même en augmentation rapide, demeure très attractif dans les pays émergents, ce qui a engendré à leur profit un mouvement de délocalisation important de la base industrielle des pays de l'OCDE.

Cette période a également été marquée par une accélération des innovations technologiques, d'abord dans les secteurs de la communication et de l'information, ensuite dans les domaines de l'énergie, du vivant, des nanotechnologies... Ces *general purpose technologies* signent le début d'une nouvelle révolution industrielle génératrice de phénomènes massifs de « destruction créatrice ». Autrement dit, certaines activités se développent très rapidement, et d'autres s'éteignent.

Il existe des interactions fortes entre ces deux phénomènes qui se renforcent : montée des pays émergents et révolution industrielle (la montée des pays émergents augmente l'intensité de la concurrence, ce qui oblige les entreprises des pays riches à innover toujours plus. En retour, ces innovations diminuent les coûts de communication, voire les coûts de transport, ce qui bénéficie aux pays émergents). Tout cela débouche sur un phénomène massif pour les pays riches : l'augmentation de la demande de travail qualifié et la baisse de la demande de travail non qualifié. En Europe en particulier, la montée du chômage se concentre sur les populations les moins qualifiées, c'est-à-dire les jeunes peu ou pas diplômés.

De fait, les statistiques disponibles pour la France montrent que la « prime au diplôme » s'est considérablement accrue ces trente dernières années[1]. Autrement dit, les inégalités d'accès à l'emploi se sont creusées entre les jeunes qui ont des diplômes (*a fortiori* ceux qui sont diplômés du supérieur) et les autres. Ainsi, en 1980, les jeunes (sortis depuis un à quatre ans de leur formation) non diplômés ou diplômés du BEPC connaissaient un taux de chômage supérieur de

---

1. Voir par exemple Nicolas Bouzou, *Le Chagrin des classes moyennes*, Paris, J.-C. Lattès, 2011.

7,7 points à la moyenne de cette population. En 2009, d'après l'Insee, cet écart s'élevait à 29 points. En 1980, le taux de chômage des jeunes diplômés du supérieur était inférieur de 9,2 points au taux de chômage moyen des jeunes. En 2009, il était inférieur de 10,6 points. Encore récemment, le Cereq a, fort à propos, rappelé que l'obtention d'un diplôme restait la meilleure arme antichômage, surtout en période de crise. Clairement, la récession a eu un impact « amorti » sur les diplômés du supérieur, mais violent sur les non-diplômés[1]. Ces éléments doivent être rappelés dans la mesure où une démagogie antidiplôme maquillée de pseudo-bon sens tend parfois à refaire surface.

Il faut comprendre que cette évolution n'est pas liée à l'augmentation du chômage en tant que telle. En effet, on pourrait parfaitement imaginer un univers théorique dans lequel l'emploi progresserait moins vite que la population active (générant une augmentation du nombre de chômeurs), mais où les nouveaux emplois concerneraient aussi bien des postes qualifiés que des postes peu ou pas qualifiés. C'est en réalité la

---

1. « Le diplôme, un atout gagnant face à la crise », *Bref du Cereq*, mars 2011, n° 28.

nature du capitalisme contemporain, à laquelle on ne peut échapper, sauf à s'isoler économiquement du reste du monde, qui génère cette « prime au diplôme ». Un exemple peut éclairer ce changement. Les personnes qui visitent l'usine Renault de Flins peuvent constater que les consignes de sécurité sont représentées sous forme de dessins. En effet, une partie des ouvriers qui travaillent sur ces chaînes de montage ne sait pas lire. Mais l'usine Renault de Flins (inaugurée en 1952), qui a été configurée initialement pour 22 000 salariés, en fait désormais travailler 3 000. Renault a bien créé des emplois ces dernières décennies, mais plutôt dans son technopôle où sont conçues les automobiles. Cet exemple illustre bien le glissement des besoins en main-d'œuvre des pays riches et le passage d'une usine socialement intégratrice à des entreprises qui valorisent la valeur ajoutée.

Ce changement a une conséquence évidente : il génère une anxiété chez les jeunes qui n'accèdent pas aux diplômes du supérieur. La course au diplôme est intuitivement (et en grande partie à raison) perçue comme un moyen de s'assurer contre le chômage et la faiblesse des rémunérations. De même, l'absence de diplôme condamne quasiment au non-emploi, ou au mieux à un emploi peu valorisé et peu rémunéré.

La montée de la « prime au diplôme » génère aussi des malentendus et des erreurs en matière de politiques publiques. En effet, ces dernières décennies, les pouvoirs publics ont considéré, explicitement ou implicitement, que la nécessaire montée en valeur ajoutée de l'économie française nécessitait de privilégier les filières scientifiques au détriment des filières littéraires, les études théoriques (dites « générales ») au détriment des études professionnelles et *a fortiori* manuelles. Il s'agit là d'une grave erreur qu'il est urgent de corriger. En réalité, un jeune issu d'un pays riche, avec des coûts salariaux élevés, peut réussir dans quasiment tous les secteurs dans lesquels son pays dispose d'avantages comparatifs, y compris dans des secteurs à faible contenu technologique. En France, les exemples du tourisme, de la restauration ou de l'artisanat sont là pour le montrer. En revanche, l'éducation doit fournir les moyens d'atteindre un niveau d'excellence quel que soit le secteur choisi. L'économie moderne rend absolument rédhibitoire, dans un pays à coût de main-d'œuvre élevé, le fait de ne pas maîtriser la lecture, le calcul de base, l'orthographe, de ne pas disposer d'un bon esprit de synthèse, d'une bonne dose de capacité d'initiative ; la rapidité d'exécution devient, elle aussi, une qualité indispensable. Elle ne disqualifie donc pas les qualités littéraires, ni même les qualités manuelles. En revanche, elle disqualifie la médiocrité. Et cela vaut aussi bien dans l'aéronautique que dans les services à la personne.

DEUXIÈME ÉVOLUTION :
LA MONTÉE DE LA RESPONSABILITÉ
ENVIRONNEMENTALE

La jeunesse des pays développés fait face à une contrainte qui ne s'exerçait pas sur ses aînées : la finitude du monde. La très forte croissance économique dans les pays émergents génère une demande de matières premières supérieure à l'offre aisément disponible et des émissions de CO_2 toujours plus importantes. La jeune génération va devoir répondre à des problèmes de rareté croissants que l'on retrouve dans la montée des prix des ressources naturelles : rareté des ressources fossiles, rareté de l'eau potable, rareté de l'air pur... L'humanité connaît finalement aujourd'hui un processus assez proche de celui du passage du paléolithique au néolithique, où il avait fallu « inventer » l'agriculture pour pallier la disparition du gros gibier. Contrairement aux générations précédentes, les jeunes doivent aujourd'hui choisir entre :

— une croissance économique (et donc une croissance des revenus) de plus en plus faible en raison des contraintes naturelles ;

— un effort d'innovation inédit pour « produire le monde[1] ».

Ce second choix constitue d'une certaine façon une opportunité pour innover et donc rehausser notre potentiel de croissance. La jeunesse pourrait constituer le creuset de ces innovations. Malheureusement, on constate depuis quelques années une crise des vocations scientifiques au profit des carrières commerciales, marketing…, plus utilitaristes. Certes, pour avancer sur le stockage de l'électricité, un Einstein vaut évidemment plus que mille jeunes chercheurs lambda. Néanmoins, la probabilité de voir émerger un Einstein est évidemment plus forte si la

____

1. Hervé Juvin, *Produire le monde*, Paris, Gallimard, 2008.

société encourage les vocations scientifiques que si elle ne valorise que le gain pécuniaire[1].

Il n'empêche que le temps de l'insouciance des Trente Glorieuses, où l'on pouvait consommer sans frein, est révolu, ce qui constitue une responsabilité pour la jeunesse d'aujourd'hui (dès l'école maternelle, on explique aux enfants, de façon pas toujours subtile, les dommages que l'homme a fait subir à la planète).

À ce titre, il faut noter une asymétrie fondamentale entre la jeunesse des pays développés et la jeunesse des pays émergents :

— La jeunesse des pays émergents subit ce phénomène de rareté des ressources naturelles et de hausse des matières premières, mais elle le provoque largement en l'alimentant et en bénéficiant d'une croissance économique, et donc d'une croissance de ses revenus tout à fait exceptionnelle.

— La jeunesse des pays développés subit largement ces évolutions. Elle est pénalisée par

---

1. Cette idée m'a été soufflée par le physicien Étienne Klein. Le thème de la crise des vocations scientifiques a déjà fait l'objet d'études de la part du CAS. Voir, par exemple, parmi les rapports du CAS, Claude Capelier et Étienne Klein, *Les Jeunes et la Science. Faire face à la crise des vocations scientifiques*, Paris, La Documentation française, 2007.

l'inflation des prix des matières premières, mais ne connaît pas d'augmentation forte des rémunérations, et sait qu'elle devra pourtant contribuer largement à résoudre ce problème en y affectant une partie croissante de ses ressources.

TROISIÈME ÉVOLUTION :
LA FIN DES ÉTATS PROVIDENCE GÉNÉREUX

Les États des pays développés sont sortis de la crise économique de 2008-2009 dans une situation financière très tendue, ce qui place de fait la consolidation des finances publiques au rang de priorité de la politique économique au cours des prochaines années. Là encore, il existe une différence importante avec les générations précédentes, qui ont connu une ère d'expansion continue des États providence illustrée par l'augmentation du poids des dépenses sociales (en particulier retraite et maladie) dans le PIB. Aujourd'hui, les jeunes générations savent qu'elles bénéficieront d'États providence avec une capacité d'endettement beaucoup plus faible que celle de leurs aînés (voire quasiment inexistante), ce qui se traduira entre autres et à coup sûr par :

— une fiscalité globale plus lourde ;

— une durée de cotisation de retraite de plus en plus longue ;

— des déremboursements et des cotisations croissantes en matière d'assurance-maladie, en particulier pour les soins bénins (maux d'hiver, une partie de la traumatologie...).

La jeune génération sait qu'elle sera placée au cours de sa vie active devant l'alternative suivante :

— une crise des finances publiques (à l'image de celles qui se sont produites en Grèce, au Portugal, en Espagne...) qui impose des mesures à chaud (baisse des pensions, rupture de trésorerie de l'assurance-maladie, diminution des indemnités chômage...) ;

— une politique de rigueur qui impose des mesures à froid (restructuration de l'État providence).

En tout état de cause, le temps où l'État pouvait dépenser chaque année plus que ce qu'il percevait devra prendre fin à l'horizon de ces dix prochaines années.

Ces différents points justifient une vraie anxiété, surtout si l'on se place dans le contexte français.

La jeune génération française par rapport aux générations précédentes

Ce qui s'est amélioré	Ce qui s'est dégradé
Augmentation du revenu moyen	Accès au logement
Amélioration des conditions sanitaires	Accès au marché du travail
Scolarisation généralisée	Dégradation récente relative du niveau de vie par rapport au reste de la population
Pas de conflits armés de grande ampleur	Endettement public et prélèvements obligatoires
Moins d'insécurité	Contraintes environnementales

LA SPÉCIFICITÉ FRANÇAISE

La France n'est pas le seul pays à être soumis aux chocs précités. C'est le cas de l'ensemble des pays développés. Pourtant, la confiance de la jeunesse est particulièrement faible dans un petit groupe de pays qui comprend la France, la Grèce, l'Espagne et l'Italie. C'est donc qu'il doit exister pour ces pays des singularités qui appellent des mesures de politique économique correctrices.

On peut en citer quatre, qui sont d'ailleurs intimement liées.

LA CROISSANCE ÉCONOMIQUE
EST FAIBLE

L'économie française se distingue de la plupart des économies de l'OCDE par une croissance économique structurellement faible (de l'ordre de 1 % par an), même lorsque l'on prend en compte le fait que la crise a été plus amortie chez nous que chez beaucoup de nos voisins. Cette faiblesse de la croissance génère des effets en chaîne qui ont un impact sur les contraintes économiques auxquelles les jeunes font face : chômage plus élevé, progression des salaires plus lente, dette publique plus importante…

LE TAUX DE CHÔMAGE EST ÉLEVÉ
ET LE MARCHÉ DU TRAVAIL PEU EFFICACE

Presque partout dans le monde, le taux de chômage des jeunes est plus élevé que le taux de chômage moyen. En effet, partout, le ratio coût du travail/productivité est moins avantageux pour les jeunes (surtout dans les pays où il existe un salaire minimal) que pour le reste de la population. Néanmoins, ce problème est particulièrement accentué en France. Ainsi, d'après les statistiques harmonisées de l'OCDE, le ratio du taux de chômage des jeunes au taux de chômage des adultes s'élève à 2,9, soit 0,2 point de plus que pour l'ensemble des pays membres. On retrouve une configuration similaire en Italie ; à l'inverse, cette différence est très faible en Allemagne grâce à un système d'apprentissage qui facilite le passage de l'école à l'emploi.

L'ensemble des autres indicateurs disponibles mettent en exergue la piètre intégration des jeunes sur le marché du travail français. Globalement, et relativement aux pays comparables, l'emploi des jeunes est faible en France, ce qui entraîne un niveau de chômage élevé, et particulièrement fort par rapport au reste de la population. Le chômage de longue durée, tellement déqualifiant, est courant. Pourtant, la part des jeunes laissés à eux-mêmes, c'est-à-dire sans emploi, sans scolarisation ou sans formation, n'est pas plus forte qu'ailleurs. Les non-diplômés ne sont pas particulièrement nombreux. *In fine*, le diagnostic concernant le chômage des jeunes en France est plutôt aisé :

— un ratio coût du travail/productivité trop élevé ;

— des obstacles au licenciement qui découragent l'embauche ;

— des formations pas suffisamment en phase avec les besoins de l'économie.

Indicateurs clés pour les jeunes âgées de 15 à 24 ans (2009)

	France	UE19	OCDE
Taux d'emploi (% de la classe d'âge)	30,1	35,8	40,2
Taux de chômage (% de la population active)	22,4	20,7	18,0
Taux de chômage jeunes/taux de chômage adultes (25-54 ans)	2,9	2,8	2,7
Chômage de longue durée (% du chômage)	24,9	21	16,4
Travail à temps partiel (% de l'emploi)	17,3	23,3	27,1
Jeunes ni en emploi, ni scolarisés, ni en formation (% de la classe d'âge)	9,6	9,9	10,9
Sortant de l'école diplômés du deuxième cycle du secondaire	13,3	15,0	17,0

Source : *Des débuts qui comptent ! Des emplois pour les jeunes*, OCDE, 2010.

Le marché du travail français se caractérise aussi par un dualisme, avec d'un côté un marché du travail plutôt bien « protégé » (qui concerne les personnes en CDI) et de l'autre un marché du travail « précaire » (qui concerne les personnes en CDD, en intérim, qui sont surtout des jeunes). Ainsi, plus de 80 % des nouvelles embauches sont réalisées en France en CDD. *In fine*, moins de la moitié des 15-24 ans travaillent aujourd'hui en CDI, contre 78 % si l'on considère la population dans son ensemble. Plus grave, l'embauche en CDD ne constitue pas forcément un tremplin vers un emploi plus stable. Au contraire, une grande partie des jeunes vont de CDD en CDD en passant éventuellement par des contrats d'intérim. C'est cette dualité qui explique le sentiment d'insécurité qui règne sur le marché du travail, alors même que le droit du travail français est l'un des plus fournis et, en théorie, protecteur[1]. Les jeunes en constituent les principales victimes. Ainsi, des travaux récents de l'OCDE ont montré que l'élasticité du taux de chômage des jeunes à la croissance

---

1. Sur ce sujet, le rapport de Francis Kramarz et Pierre Cahuc, *De la précarité à la mobilité : vers une Sécurité sociale professionnelle* (Paris, La Documentation française, 2004), continue de faire référence.

économique était plutôt élevée (une variation de 1 point de la croissance économique entraîne une variation du taux de chômage des jeunes de 2,5 points), alors que l'élasticité du taux de chômage des adultes était plutôt faible (une variation de 1 point de la croissance économique entraîne une variation du taux de chômage des adultes de 0,7 point). Autrement dit, le marché du travail français protège bien les adultes, mais au détriment des jeunes. Il est, au sens plein, inéquitable.

Enfin, l'inefficacité du marché du travail se traduit par un grand nombre d'offres d'emplois non pourvues, notamment dans la construction ou la restauration. Ces offres d'emplois concernent parfois des postes difficiles, peu valorisés et pas très bien payés. Mais pas seulement. En outre, l'argument est peu recevable : mieux vaut occuper un emploi, fût-il insatisfaisant, avec la possibilité de vivre de son travail et de pouvoir former des projets de carrière et de vie, plutôt qu'être chômeur. Surtout à 20 ans ! Apparemment, ces arguments ne sont pas suffisants. Les entreprises des secteurs concernés dénoncent l'existence d'un « chômage volontaire ». La vérité, c'est que personne ne sait exactement combien d'offres d'emplois sont non pourvues en France. Plusieurs chiffres ont circulé, allant de 250 000 à 500 000, sans que l'on sache la vérité. On dispose néanmoins d'une « enquête annuelle sur les besoins en main-d'œuvre » publiée par Pôle Emploi. D'après l'édition 2011, 37,6 % des prévisions d'embauche sont assorties de difficultés de recrutement, surtout dans la construction, la métallurgie, les industries manufacturières et le commerce. Il existe donc bien un grand nombre d'entreprises qui n'arrivent pas à recruter, alors même que le taux de chômage est élevé en France. Ce qui traduit une inadéquation partielle de l'offre et de la demande de travail, qui peut tenir à un défaut d'orientation comme à un phénomène de « chômage volontaire ».

La situation des jeunes des banlieues constitue à cet égard une loupe grossissante des défauts du marché du travail français. D'après le dernier rapport de l'Observatoire national des zones sensibles, le taux de chômage dans les zones sensibles atteint 37 % chez les femmes et 43 % chez les hommes. Bien que cette situation ne fasse malheureusement pas l'objet d'une littérature économique scientifique, on imagine facilement qu'elle tient aux caractéristiques à la fois de l'offre et de la demande de travail : une demande de travail faible liée au manque d'activités marchandes localisées dans ces banlieues ; une inadéquation de l'offre liée à un coût du travail élevé et à une sous-formation notoire. Les banlieues sont les victimes collatérales de l'insuffisance de nos politiques économiques. Les enfants d'immigrés sont particulièrement touchés. Là aussi, les données sont cruelles, même si tous les pays développés (sauf la Suisse) connaissent à des degrés divers ce problème. Comme le souligne l'OCDE : « Les résultats des enfants d'immigrés sur le marché du travail sont généralement beaucoup moins bons. Les différences de résultats tiennent en partie au fait que le niveau d'instruction moyen des enfants d'immigrés est généralement inférieur à celui des enfants de nationaux[1]. »

Cette inefficacité du marché du travail est pour beaucoup dans le niveau relativement élevé de la pauvreté chez les jeunes. En effet, en prenant un seuil de pauvreté égal à 60 % du revenu médian, le taux de pauvreté est de l'ordre de 17 % chez les moins de 29 ans contre 13 % pour l'ensemble de la population.

La situation de la jeunesse dans les banlieues présente néanmoins une caractéristique terri-

---

1. *Des débuts qui comptent ? Des emplois pour les jeunes*, OCDE, 2010.

fiante, qui relève d'ailleurs de l'omerta, mais qu'il convient de mettre en lumière : l'équilibre social de ces territoires et l'absence de révolte de la jeunesse face à une situation économique extraordinairement dégradée tiennent au dynamisme de l'économie souterraine. Et, disons-le clairement, l'économie souterraine dans les banlieues, c'est en grande partie le marché illégal de la drogue[1]. Sur ce sujet, il est par définition difficile de disposer de données fiables. Toutefois, le ministère de l'Intérieur, se fondant sur les saisies de la police, estime le marché français à 2 milliards d'euros. Dans les banlieues, c'est une véritable économie sectorielle qui s'est mise en place, de la logistique à la distribution. La presse regorge d'anecdotes qui semblent montrer que cette économie souterraine fait travailler de plus en plus de jeunes et fait vivre de plus en plus de familles. Par exemple, un article récent du *Figaro* relevait que l'augmentation des saisines de liquidités chez les trafiquants avait entraîné une augmentation sensible des incidents de paiement en matière de loyers[2].

---

1. Sur ce sujet, voir le livre très instructif de Stéphane Gatignon et Serge Supersac, *Pour en finir avec les dealers*, Paris, Grasset, 2011.
2. « Banlieue : la lutte antidrogue affecte le paiement des loyers », *Le Figaro* du 19 juillet 2011.

Dans le même article, le responsable d'une grande surface de Seine-Saint-Denis (un département à population faiblement qualifiée et à taux de chômage des jeunes très élevé) avouait que 80 % des achats étaient réglés en liquide dans son magasin, contre une moyenne nationale de 20 %, illustration de la façon dont l'économie illégale irrigue l'économie légale.

Ce phénomène est bien connu des économistes du développement, qui savent depuis longtemps que, dans les *favelas* d'Amérique latine par exemple, l'économie de marché légale, étouffée par les contraintes bureaucratiques, finit toujours par céder la place à l'économie illégale, laquelle présente au moins l'avantage de générer des revenus. Au final, les économies légale et illégale s'entremêlent, et il est de plus en plus difficile de séparer le bon grain de l'ivraie.

Évidemment, il ne s'agit pas ici de vanter les bienfaits de l'économie de la drogue dans les banlieues. C'est même tout le contraire ! En revanche, il s'agit de ne pas faire l'autruche : la politique économique doit se donner les moyens de sortir ces jeunes de l'économie illégale pour les amener dans l'économie légale, où ils bénéficieront d'un revenu, mais aussi d'un CV en bonne et due forme, d'un accès au crédit et d'une protection sociale.

À ce titre, le maire de Sevran, Stéphane Gatignon, me disait que les politiques d'allègement des charges sociales constituaient l'un des meilleurs outils d'intégration économique des jeunes des banlieues difficiles.

L'ACCÈS AU LOGEMENT

Les difficultés d'accès des jeunes au logement ont eu tendance à se renforcer ces dernières années. Les prix de l'immobilier, tant à l'achat qu'à la location, ont connu une hausse très nette, traduisant des tensions croissantes entre une offre notoirement insuffisante et des besoins en augmentation. Mais, comme souvent, des évolutions macroéconomiques connues masquent des effets redistributifs intergénérationnels. En l'occurrence, ce sont les jeunes qui ont fait face à un fort accroissement du taux d'effort net (c'est-à-dire de la part des dépenses consacrées à se loger dans le revenu, déduction faite des aides). Entre 1984 et 2006, le taux d'effort pour les moins de 25 ans est passé de 12,3 % à 22 %. En revanche, le taux d'effort pour l'ensemble de la population est passé, pendant la même période, de 8,7 % à 10,3 %, se stabilisant même depuis la fin des années 1980. Ce sont donc les jeunes, qui disposent par définition de peu d'apport personnel, qui portent l'essentiel des déséquilibres qui affectent le marché du logement en France. Le marché du logement, également, est inéquitable.

Taux d'effort net consacré au logement

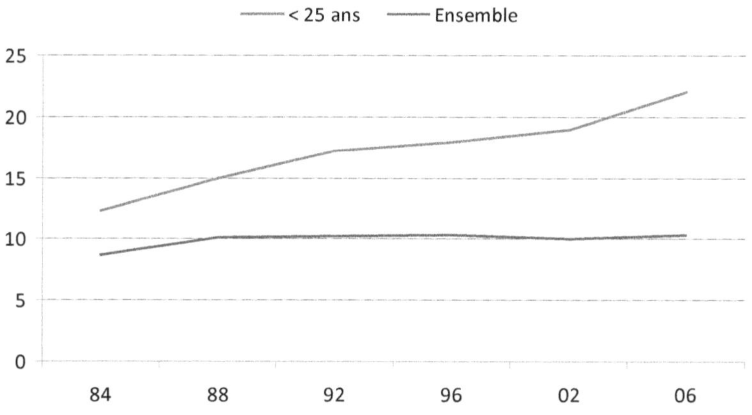

Unité : dépenses de logement/revenu disponible.
Source : Insee.

Les jeunes ressentent ces difficultés de façon très concrète. Ainsi, selon un sondage TNS-Sofrès publié en juin 2010, 82 % des jeunes interrogés considèrent qu'il est plutôt difficile de se loger. 82 % estiment que se loger est plus difficile qu'il y a dix ans. 67 % pensent que ce sera encore moins facile dans dix ans. Certes, l'âge de décohabitation n'augmente pas, mais l'acquisition d'un logement est retardée, au profit de la location (et, de plus en plus, de la colocation). Il est légitime de penser que ces difficultés et même ces conditions inéquitables dans l'accès au logement constituent une véritable bombe à retardement politique, surtout conjuguées aux difficultés d'accès au crédit. Nicolas Pécourt, s'appuyant sur des données de l'Insee et de l'Observatoire des crédits aux ménages, calcule ainsi qu'en 1990 17 % des emprunteurs (de crédits immobiliers et/ou de crédits à la consommation) étaient âgés de 55 ans ou plus. Vingt ans plus tard, cette proportion se monte à 26 %, ce qui traduit une surréaction par rapport aux évolutions démographiques en tant que telles. À l'inverse, en 2010, les moins de 30 ans ne représentaient plus que 20 % des emprunteurs contre 28 % en 1990[1].

------

1. *Les Classes moyennes et le Crédit,* note pour la Fondation nationale pour l'innovation politique, à paraître en 2011. Voir aussi Nicolas Pécourt, *Un monde sans crédit ?*, Paris, Eyrolles, 2010.

L'ÉQUITÉ INTERGÉNÉRATIONNELLE
EN MATIÈRE DE CONSOLIDATION
DES FINANCES PUBLIQUES N'EST PAS RESPECTÉE

La dette publique rapportée au PIB a connu une progression quasi constante depuis le début des années 1980. Cela dit, l'augmentation de cette dette aurait pu permettre la constitution d'un actif important (en matière d'infrastructures, de qualité de l'enseignement, d'actifs intangibles…) qui aurait permis au secteur public français de présenter un « bilan comptable » favorable. Cela n'est pas le cas. Au contraire, depuis les années 1970, l'investissement public en pourcentage de la dépense publique totale a reculé, alors que les dépenses sociales se sont envolées. Ainsi, l'investissement représente aujourd'hui environ 6 % de la dépense publique, contre 45 % pour les dépenses sociales. Autrement dit, les générations antérieures ont fait augmenter la dette publique pour financer des dépenses courantes et non pour financer des dépenses qui auraient profité aux générations futures. Les jeunes générations se retrouvent donc à devoir éponger une dette de fonctionnement, avec un niveau d'infrastructures modeste eu égard à la progression de la dépense publique totale depuis une trentaine d'années[1].

La dépense sociale elle-même profite beaucoup plus aux seniors qu'aux jeunes, ce qui s'explique facilement par le poids des retraites et par l'importance des dépenses de santé. Les prélèvements obligatoires, quant à eux, reposent essentiellement sur les actifs, puisque notre État providence s'est largement construit après la guerre sur une logique assurantielle, dans laquelle les transferts sociaux sont financés prioritairement par des cotisations, secondairement par l'impôt payé par tous. Ainsi, la part des cotisations sociales dans le PIB dépasse 16 % en France, contre 14 % en Allemagne, 7 % au Royaume-Uni et aux États-Unis (chiffres OCDE). Inversement, la part des impôts sur le revenu et sur les bénéfices excède à peine 10 %, contre 19 % en Suède et près de 30 % au Danemark.

---

1. *Cf.* Mickaël Mangot, « Comment préserver l'équité entre générations lorsque l'on réduit la dette publique ? », *in* Cercle Turgot, *Rigueur ou relance*, Paris, Eyrolles, 2011.

L'ÉDUCATION NATIONALE N'A PAS TENU
TOUTES SES PROMESSES

Dans une économie qui n'est plus intégratrice, mais qui filtre au contraire en fonction des compétences, la qualité de la formation devient le facteur central de la cohésion sociale. L'illettrisme, en particulier, devient quasiment rédhibitoire économiquement. Les jeunes qui ont des difficultés de compréhension écrite, d'expression, de synthèse, se voient fermer les portes du secteur marchand. Malheureusement, tout donne à penser que l'Éducation nationale et les parents ont de plus en plus mal répondu à ces exigences ces dernières années, et n'ont pas été capables de fournir à chaque jeune ce « socle commun de connaissances » indispensable. Près de 20 % des jeunes âgés de 15 ans seraient illettrés en France, un quasi-record au sein des pays développés (l'Italie se trouve dans une situation similaire). L'enquête PISA 2009 de l'OCDE a montré que le score moyen de la France en matière de compréhension écrite était correct. Mais, au-delà de cette moyenne, on voit que les écarts se creusent entre des élèves très performants et une part croissante d'élèves en difficulté (20 %

en 2009). Au-delà de l'illettrisme au sens strict, tous les responsables d'entreprises remarquent une dégradation rapide de l'expression écrite (et de l'orthographe en particulier), et ce même pour des niveaux de diplômes élevés.

La France manque également d'un enseignement technique de très haut niveau. On l'a vu, les pays développés peuvent faire valoir des avantages comparatifs dans un grand nombre de secteurs. En revanche, on n'empêchera pas nos économies modernes d'être essentiellement et de plus en plus consommatrices de travail qualifié. À force de dévaloriser les enseignements techniques, les filières professionnelles se sont retrouvées être en partie les voitures-balais ramassant les élèves en difficulté (petite consolation : ce point n'est pas propre à la France). C'est finalement toute une partie de la jeunesse, celle qui a peu de prédispositions pour les enseignements théoriques, qui manque de formations valorisantes et de bon niveau, alors même qu'il existe une vraie demande de travail de la part des entreprises dont elle pourrait bénéficier. Face à ces difficultés assez classiques dans nombre de pays partenaires, les recommandations de l'OCDE, empreintes de bon sens, font référence, notamment :

— répartir le coût des formations en alternance entre pouvoirs publics, employeurs et étudiants (ou leurs familles) ;

— faire participer les employeurs et les partenaires sociaux à l'élaboration des programmes scolaires ;

— offrir aux jeunes des compétences génériques transférables qui facilitent la mobilité professionnelle.

LE POIDS ÉLECTORAL
DES JEUNES S'AMENUISE

En dehors de l'intégration dans l'entreprise au sens strict, l'intégration sociale des jeunes Français apparaît comme à la fois faible et tardive. Aux États-Unis, par exemple, les jeunes ont assez tôt un rôle social institutionnalisé : ils sont responsables d'un magazine, font des petits jobs, dînent avec leurs professeurs, prennent la parole en public… Ces pratiques sont peu développées en France, ce qui alimente sans doute le sentiment d'avoir peu de prise sur son avenir. Il est d'ailleurs symptomatique que, dans l'enquête PISA de 2009, la part des élèves affirmant entretenir une relation de confiance avec leurs enseignants, si elle est majoritaire, est en moyenne plus faible que dans les autres pays.

Cet effet est renforcé par le cumul des mandats, véritable spécificité française (en tout cas à ce niveau : il suffit de réaliser que plus de 80 % des députés français sont des « cumulards »), qui alimente une sorte de gérontocratie dans la mesure où le renouvellement des élus est considérablement freiné. Dans certaines villes du littoral français, la moitié de la population en âge de voter a 60 ans ou plus, et les élus sont exclusivement des seniors.

Cette tendance à la gérontocratie peut avoir des conséquences très tangibles, par exemple en matière de logement. En effet, la situation du logement en France s'illustre par une demande constamment supérieure à l'offre, entretenant une hausse quasi continue des prix (prix à l'achat et loyers). Cette pénurie de logements, que la hausse des mises en chantier ne suffit pas à combler, tient largement aux contraintes réglementaires en matière de construction et à la difficulté à libérer du foncier pour bâtir[1]. Mais, *in fine*, ces contraintes émanent

____

1. Voir les précieuses contributions de François Meunier sur ce sujet, notamment : « L'inanité d'une certaine aide au logement », *Le Blog du directeur financier*, juin 2011, http://dfcg-blog.org/2011/06/08/linanite-dune-certaine-aide-au-logement/.

d'un climat général qui refuse la densification des villes, au profit du bien-être des propriétaires actuels, et de la valeur de leur patrimoine immobilier. Or ces propriétaires, dans leur immense majorité, ont plus de 30 ans. La rareté du logement en France a donc bien des effets redistributifs des jeunes, qui ont de plus en plus de difficultés à accéder au logement, vers les moins jeunes, qui voient la valeur de leur patrimoine immobilier grimper.

III

LES PROPOSITIONS

Misères des politiques
pour la jeunesse

La situation économique de la jeunesse est compliquée. L'environnement économique est porteur de grandes opportunités, mais aussi de grands risques pour ceux qui sont les moins bien formés. En outre, même si le niveau de vie moyen de la jeunesse est élevé, son intégration sur le marché du travail est difficile, ses perspectives de revenus, peu dynamiques (surtout si l'on raisonne en termes de revenus disponibles, c'est-à-dire de revenus corrigés des prélèvements obligatoires et des transferts sociaux), et son accès au logement, quasiment bloqué dans nombre de villes.

Force est de constater que, par le passé, on a davantage voulu agir sur les symptômes visibles que sur les racines de ces problèmes. Deux exemples constituent à cet égard des illustrations de ce qu'il ne faut pas faire.

La Caisse d'allocations familiales verse aujourd'hui des aides au logement à la grande majorité des étudiants ou des jeunes disposant de faibles ressources. Intention louable mais qui se retourne contre ceux à qui elle est censée bénéficier. En effet, dans un pays dans lequel le parc de logements (et en particulier le parc de logements collectifs) progresse peu, les aides au logement se répercutent directement sur les prix, en matière tant de location que d'achat. Aussi une bonne politique d'accès au logement pour la jeunesse consisterait-elle à construire beaucoup plus dans les grandes villes et les villes moyennes, et non pas à distribuer de l'argent, ce qui en retour alimente une dette publique que les jeunes devront rembourser. Un constat similaire peut être réalisé avec les politiques d'obtention du permis de conduire qui ont consisté non pas à diminuer durablement le coût des permis, mais à en subventionner le financement (nous suggérons de corriger ce point dans nos propositions).

Deuxième exemple de politique inepte : les emplois publics réservés aux jeunes (« emplois-jeunes », « emplois d'avenir »...). Ces politiques sont mauvaises pour deux raisons. Première raison, certes de circonstance, mais qui a la force de la loi de la gravité : les finances publiques ne sont pas en état de supporter une telle charge budgétaire. Il ne sert à rien de promettre des mesures que l'on n'aura pas les moyens de mettre en œuvre (ou pire : qu'il serait dangereux de mettre en œuvre pour l'équilibre financier de l'État dans son ensemble). Seconde raison : proposer aux jeunes des ersatz d'emploi est stigmatisant. D'ailleurs, l'expérience des emplois-jeunes de 1997 n'a rien donné de bon pour les jeunes en question. Très peu de bénéficiaires de ces dispositifs ont été recrutés par la suite dans le secteur privé[1]. La jeunesse mérite qu'on l'accueille mieux dans le monde marchand, ou dans le secteur public, mais dans des emplois pour lesquels existe une véritable demande.

---

1. Dares, *Premières synthèses*, novembre 2006.

Une véritable représentation gouvernementale

Les difficultés de la jeunesse, que l'on retrouve dans beaucoup de pays développés mais qui sont plus prononcées en France, appellent une politique publique spécifique, largement transversale, articulant le long terme et les urgences de court terme. Au vu des difficultés de la jeunesse dans notre pays, il serait sans doute utile que le ministère de la Jeunesse soit un ministère à part entière (et non un secrétariat d'État), avec une présence à chaque Conseil des ministres, que son rang gouvernemental soit suffisamment élevé pour lui donner davantage de poids dans les négociations interministérielles (par rapport au ministère de l'Économie ou à celui du Logement par exemple), et qu'il soit dirigé par une personne consensuelle non partisane. Comme on le verra dans nos propositions, aussi diverses que cohérentes, le poste de ministre de la Jeunesse est incroyablement transversal : au-delà de la seule direction de la Jeunesse, il devrait pouvoir s'appuyer sur un plus grand nombre d'administrations intéressées par les secteurs dans lesquels il est appelé à intervenir.

Une politique économique globale orientée vers la jeunesse

Outre cette question de gouvernance, il faut toujours garder à l'esprit un point essentiel : les jeunes sont ceux qui souffrent le plus de nos déficiences en matière macroéconomique, et en particulier de la faiblesse de la croissance et de l'inefficacité du marché du travail. De façon générale, des mesures ciblées sur une catégorie précise de la population (les « jeunes », les « jeunes des banlieues », les « jeunes issus de l'immigration ») doivent être utilisées en dernier recours, car elles peuvent être stigmatisantes. Il faut donc préférer, sans exclusive bien sûr, les mesures globales, qui améliorent les performances économiques de la nation. Les mesures proposées doivent en outre s'inscrire dans le champ des possibles, sous peine de générer attentes puis déceptions et frustrations. Or la marge de manœuvre de la politique économique en France est très contrainte. Elle doit obligatoirement respecter au moins deux principes :

— S'inscrire dans une stratégie de réduction rapide des déficits publics. Autrement dit, les mesures proposées doivent être soit peu coûteuses, soit proposées conjointement à un financement.

— Permettre à la France d'augmenter sa compétitivité, en termes de coût et de potentiel d'innovation.

Il existe déjà une vaste littérature de grande qualité sur les questions de rehaussement de la croissance potentielle ou de baisse du taux de chômage structurel (du rapport Camdessus au rapport Attali, tout a sans doute déjà été dit). On se bornera à rappeler qu'il est possible de gagner de 0,5 à 1 point de croissance par an en réorientant les dépenses publiques vers l'innovation, en simplifiant, voire en supprimant, un certain nombre de réglementations qui empêchent aujourd'hui la mise sur le marché de nouveaux produits et en gommant les effets de seuil qui freinent le développement des entreprises (en particulier de 49 à 50 salariés et de 99 à 100 salariés).

Il faut souligner que la tenue de ce programme est compatible avec un discours enthousiasmant pour la jeunesse[1]. En effet, le défi éco-

---

1. Ce paragraphe m'a été inspiré par des conversations avec l'expert en communication Cyril Delattre.

nomique à relever (plus de croissance, moins de chômage, moins de dette publique) passe largement par l'innovation, laquelle doit servir des objectifs allant bien au-delà de la maximisation des profits des entreprises. C'est là que le rôle pédagogique du gouvernement et de l'Éducation nationale pourrait intervenir. Expliquer que l'innovation, aujourd'hui, naît dans les domaines du vivant, de l'énergie, de la communication... Que ses buts sont la prolongation de la vie humaine en bonne santé, la préservation de l'environnement, le resserrement des liens entre les territoires éloignés... Et, surtout, transmettre au plus grand nombre les connaissances et les savoir-faire susceptibles de donner à davantage de jeunes les moyens d'apporter leur contribution à ce mouvement d'inventions et de réalisations nouvelles. On rêverait de retrouver l'enthousiasme des révolutions industrielles du XIXe siècle[1]. Sans la jeunesse, cela ne sera pas possible. À l'inverse, les mesures comme les 35 heures ont un impact psychologique forcément négatif sur la jeunesse,

---

1. Cet enthousiasme est merveilleusement décrit dans la nouvelle de Stefan Zweig, « Le premier mot qui traversa l'océan », dans *Les Très Riches Heures de l'humanité*, publié pour la première fois en 1939. Une véritable leçon d'histoire économique.

puisqu'elles sous-entendent que le travail, notamment en entreprise, est dissocié du plaisir et de l'épanouissement (ce qui peut être le cas, mais de là à en faire une règle…).

Concernant l'efficacité du marché du travail, il existe un certain consensus chez les économistes pour aller dans deux directions :

— instituer en lieu et place du CDD et du CDI un contrat de travail unique dont les droits pour le salarié augmenteraient progressivement avec le temps passé dans l'entreprise ;

— réduire le coût global du travail en allégeant les charges sociales, lesquelles seraient transférées vers un impôt à large base, par exemple la TVA (c'est ce que l'on appelle communément la « TVA sociale »). Outre ses effets positifs sur le marché du travail, cette mesure contribuerait à une plus grande équité fiscale intergénérationnelle puisqu'on transférerait des prélèvements obligatoires financés par les seuls actifs vers des prélèvements obligatoires financés par l'ensemble de la population.

Il faut noter à ce stade que les tentatives d'instaurer des contrats de travail spécifiques pour les jeunes (CIT, CPE) se sont heurtées aux résistances de la jeunesse elle-même, laquelle s'est sentie en quelque sorte stigmatisée par ces dispositifs dérogatoires. De même, et au risque de se répéter, l'idée qui consiste à proposer des « emplois-jeunes » subventionnés par les pouvoirs publics, voire des emplois publics en tant que tels, va exactement à l'encontre de la philosophie de ce rapport, et de notre analyse des besoins économiques de la jeunesse. En effet, il s'agit bien de faciliter l'intégration des jeunes dans les voies « classiques » de l'économie marchande, et de leur donner les capacités de répondre aux besoins durables d'une économie développée, et en aucun cas de leur proposer des « substituts d'emplois », qui plus est financés par un secteur public dont, pour des raisons financières, le spectre d'action devra être resserré ces prochaines années. Dans une optique comparative, il est intéressant de noter que la hausse du taux d'emploi en Allemagne ces dernières années et la baisse concomitante du taux de chômage ont été réalisées sans mise en place d'un « contrat jeune » quel qu'il soit, qu'il concerne l'emploi marchand ou l'emploi non marchand. Ont été privilégiées des mesures globales, portant sur le coût du travail, la flexibilité des contrats, les indemnisations chômage et la formation.

Enfin, la France doit mettre en place une ambitieuse politique de densification des villes, en acceptant notamment d'élever progressivement la taille moyenne des immeubles – sans pour autant réitérer les erreurs commises en matière d'urbanisme dans les années 1950 à 1970. Il faut agir sur les prix du logement en rééquilibrant progressivement l'offre et la demande dans les territoires les plus tendus. Voilà une politique globale, non ciblée, qui profitera naturellement en priorité aux jeunes.

Ce cadrage doit être constamment présent à l'esprit de ceux qui conçoivent la politique économique dans notre pays. En effet, il importe de comprendre que l'absence ou la lenteur dans les réformes œuvrant pour une meilleure compétitivité de notre pays et pour une efficacité accrue sur le marché du travail ne sont pas neutres du point de vue intergénérationnel, mais ont des effets redistributifs au détriment des jeunes et au bénéfice des plus âgés.

Une « tolérance » vis-à-vis de la jeunesse et une meilleure prise en compte de ses initiatives

Toujours de façon générale, mais au-delà des mesures macroéconomiques, les pouvoirs publics doivent éviter de surréglementer certains usages qui sont en grande partie l'apanage de la jeunesse. En effet, les jeunes Français vivent dans une société où les réglementations qui se retournent contre eux sont légion. L'exemple du marché du travail, où les rigidités accumulées entravent l'entrée des jeunes, est particulièrement spectaculaire. Face à ce type de difficultés, les jeunes ont développé une résilience, qui passe souvent par des moyens informels : bons plans échangés sur les réseaux sociaux, notations des entreprises qui recrutent des stagiaires, transactions souterraines, colocations… Pour l'équilibre de la société, il est sans doute bon de ne pas combler tous les interstices ouverts entre les lois. Sans autoriser le téléchargement illégal de films, on doit pouvoir ne pas donner le sentiment de criminaliser des comportements qui ont émergé comme manière de contourner les obstacles à l'accès à l'emploi, au logement, voire aux loisirs.

Plus encore, une société dont l'âge moyen progresse doit en quelque sorte « lutter » contre ses instincts naturels, pour des raisons d'équilibre social, mais aussi pour des raisons économiques. Prenons un exemple pour être parfaitement clair : celui des horaires d'ouverture des bars et des discothèques. Certains préfets, sous l'influence des catégories les plus âgées de la population, ont pu signer des arrêtés obligeant des bars à fermer leurs portes à 4 heures, voire à 3 heures du matin. Alors même qu'il s'agit là de l'heure d'arrivée de certains étudiants certainement pas mal intentionnés (pour les autres, il existe une police chargée de faire respecter la sécurité). Voilà une décision fort malvenue, qui vise officiellement à réduire la consommation d'alcool chez les jeunes (ce qui, pour un économiste, est d'une naïveté déconcertante puisqu'on omet qu'il existe des substituts simples à la consommation d'alcool en bar ou en discothèque) et à diminuer les accidents de la route (mais alors pourquoi pénaliser les bars de centre-ville ?). La réalité, c'est qu'une partie de la population des villes en question voit d'un mauvais œil cette jeunesse, sans doute un peu bruyante et pas toujours complètement disciplinée. À Paris, le quartier du Marais a par exemple ces dernières années subi une véritable offensive de ceux qui veulent « vivre tranquillement », mobilisant largement la police pour cela. Ces agissements, s'ils sont excessifs, alimentent la thématique du conflit intergénérationnel. D'autre part, ils ont des conséquences négatives sur les économies locales. En effet, un territoire urbain, pour se développer, doit alimenter sa « croissance potentielle », surtout dans un contexte de vieillissement de la population. C'est pourquoi, au-delà des commerces de bouche, des professions libérales et des services publics, il faut réserver une partie de l'espace à des activités économiques plus « gesticulantes », comme les bars ouverts tard la nuit, les salles de billard ou les boîtes de nuit. Voilà aussi pourquoi les préfets doivent faire preuve d'une certaine tolérance à leur égard. De même, certainement devrait-on relâcher la pression qui pèse sur ceux qui veulent faire un peu de musique dans la rue et qui, dans certaines villes, sont quasiment traqués. Il y va également de l'avenir économique de nos territoires.

Au-delà des politiques publiques d'ordre général, nous proposons un ensemble de mesures qui peuvent être mises en œuvre rapidement et qui doivent avoir un impact positif sur le bien-être des jeunes, et en particulier sur leur intégration économique. Nous les avons regroupées en quatre grands domaines : équité intergénérationnelle, intégration sur le marché du travail, logement, intégration dans la vie sociale.

**Synthèse des propositions du CAS
concernant la jeunesse**

(1) Mesures générales	
Catégorie de problème à résoudre	**Mesure**
Intégration sur le marché du travail	Contrat de travail unique
Intégration sur le marché du travail	TVA sociale
Équité intergénérationnelle	Fiscalisation du financement de la protection sociale
Amélioration des conditions de logement	Densification urbaine/ assouplissement du droit foncier

(2) Mesures ciblées sur la jeunesse			
Catégorie de problème à résoudre	**Mesure**	**Impact primaire**	**Impact secondaire**
Équité intergénérationnelle	Augmentation des droits de succession/ suppression des droits de donation	Accélération de la transmission des patrimoines	Augmentation des créations d'entreprises chez les jeunes
Intégration sur le marché du travail	Mise en place d'un compte épargne-formation	Augmentation de la mobilité professionnelle	Diminution du taux de chômage
Intégration sur le marché du travail	Développement massif de classes en alternance au collège	Amélioration de l'adéquation offre/demande de travail	Diminution du taux de chômage des jeunes
Intégration sur le marché du travail	Création de filières professionnelles d'excellence	Amélioration de l'adéquation offre/demande de travail	Diminution du taux de chômage des jeunes
Intégration sur le marché du travail	Réforme du bac	Amélioration de l'adéquation offre/demande de travail	Diminution du taux de chômage des jeunes

Catégorie de problème à résoudre	Mesure	Impact primaire	Impact secondaire
Intégration sur le marché du travail	Refonte des programmes d'économie dans le secondaire	—	—
Intégration sur le marché du travail	Augmentation du nombre de moniteurs d'auto-écoles	Amélioration de la mobilité des jeunes	Diminution du taux de chômage des jeunes
Amélioration des conditions de logement	Schémas régionaux du logement étudiant	Augmentation du nombre de logements étudiants	—
Intégration sociale	Extension du service civique	Diminution du nombre de jeunes inoccupés	Augmentation du taux d'activité des jeunes

Équité intergénérationnelle

LA SUPPRESSION DES DROITS DE DONATION ET L'AUGMENTATION DES DROITS DE SUCCESSION[1]

Un fossé s'est creusé ces dernières années en matière de détention patrimoniale entre des seniors massivement propriétaires de leur logement et des jeunes qui peinent à accéder au logement... Aujourd'hui, la transmission des patrimoines se réalise souvent au moment du décès des ascendants, quand les descendants ont déjà atteint un âge mûr (supérieur à 50 ans). Une façon d'accélérer la transmission des patrimoines consisterait à différencier la fiscalité entre les droits de succession et les droits de donation. Schématiquement, on pourrait envisager une suppression des droits de donation qui serait financée par une augmentation des droits de succession. Ainsi, les donations pourraient être réalisées, par exemple, au moment où les jeunes souhaitent accéder au logement ou surtout reprendre ou créer une activité (Arrondel et

____

1. Cette mesure découle notamment des échanges que nous avons eus avec Michaël Mangot.

Masson ont montré qu'une donation augmentait pour les descendants la probabilité de reprendre ou créer une entreprise de plusieurs points. *Cf.* « Taxer les héritages pour réduire les inégalités entre générations », *in Le Choc des générations*, Paris, La Découverte, 2010). Ce dernier point est très important et justifie d'accepter une mesure qui peut sembler inéquitable puisqu'elle ne profite par définition qu'aux enfants dont les ascendants disposent d'un patrimoine. En effet, faciliter les donations permet de préserver le « capitalisme familial », dont on sait qu'il contribue au maintien de la croissance économique potentielle, notamment dans les territoires les plus industriels (c'est pour cette raison que les droits de succession n'ont pas été augmentés en Allemagne par exemple).

Formation

METTRE EN PLACE
UN COMPTE ÉPARGNE-FORMATION

Nous proposons la création d'un « compte épargne-formation » financé par l'État, la région, l'entreprise et le salarié. L'État pourrait verser un crédit inversement proportionnel à la durée de la formation initiale dont bénéficie le salarié. Il s'agirait ainsi de donner une seconde chance à ceux qui sont sortis de l'école prématurément. La création d'un tel compte entraînerait sans doute spontanément le développement des analyses d'efficacité des formations proposées.

DÉVELOPPER L'ALTERNANCE ET LES FILIÈRES PROFESSIONNELLES

160 000 jeunes par an quittent le système éducatif sans diplôme. Vu les besoins d'une économie développée contemporaine, on aura compris que ces jeunes sont envoyés au casse-pipe par la société. En revanche, le concept de travail qualifié n'exclut nullement la pertinence des filières professionnelles (c'est même tout le contraire), à partir du moment où elles ne font aucune concession sur l'apprentissage des savoirs de base (lecture, écriture, calcul, culture générale, synthèse). Prenons à titre d'illustration l'exemple du secteur de l'hôtellerie-restauration. Dans ce secteur, la vocation de la France est clairement de monter en valeur ajoutée, pour proposer un service

d'excellence, notamment à destination des étrangers (ce qui n'est pas encore suffisamment le cas : la région Languedoc-Roussillon, par exemple, ne compte qu'un seul hôtel 5 étoiles, alors même que c'est sur ce type de segments que la demande est la plus dynamique, et l'image de la France la plus facile à valoriser). Il est en outre important de comprendre que cette montée en gamme concerne tous les métiers, du serveur au directeur du restaurant en passant par le cuisinier et l'entreprise de nettoyage.

C'est la raison pour laquelle nous voyons une grande cohérence dans la multiplication de véritables classes de collège en alternance (en amont, donc, des lycées professionnels) et de filières d'excellence post-bac, qui emmèneraient jusqu'à des diplômes bac+5, comme cela se pratique dans l'enseignement général. Ces filières concerneraient les secteurs dans lesquels la France dispose d'un fort avantage comparatif et est donc susceptible de créer massivement des emplois marchands : hôtellerie, restauration, agroalimentaire, BTP, *design*, construction navale et ferroviaire... Créer ces filières d'excellence et mettre en place une communication publique très offensive sur ces sujets permettrait tout à la fois de revaloriser l'image des filières professionnelles et de générer une main-d'œuvre de haut niveau qui, dans ces secteurs, manque à notre économie. Parallèlement, le rôle des conseillers d'orientation, dans l'enseignement secondaire comme à l'université, devrait être revalorisé.

RÉFORME DU BAC

Chaque année ou presque, le bac vacille sous l'effet d'un pépin quelconque : triche, sujet comportant des erreurs, sujet déjà traité par un institut de formation, etc. Les effectifs scolaires ayant augmenté de manière exponentielle en moins d'un demi-siècle, les services d'examens sont au bord de la rupture. Que faire quand un grain de sable vient enrayer la machine, ce qui risque en permanence de se produire ? Obliger des centaines de milliers d'élèves à repasser l'épreuve ? Aberrant : outre que cela coûterait près de 1,5 million d'euros, il faudrait retrouver aussitôt des salles d'examen libres, ce qui est une gageure. Disons les choses simplement : près de 85 % des candidats qui s'y présentent (un peu plus de 60 %

d'une classe d'âge) sont reçus la première année, et 95 % sur deux ans. En d'autres termes, comme le disait non sans ironie un de nos « chers collègues » : « Pour ne pas avoir le bac aujourd'hui, il faut en faire la demande ! » Du coup, l'antique parchemin n'a pratiquement plus aucune valeur réelle sur le marché du travail. À quoi sert-il dans ces conditions ? Essentiellement à pouvoir aller plus loin, pour ceux qui veulent poursuivre des études supérieures. C'est un symbole, et, si l'on y tient, ce que l'on peut comprendre – il en va, dit-on, du « symbolique » comme de la santé : ça n'a pas de prix ! –, au moins faut-il accepter de le réformer de fond en comble en introduisant, comme l'avait proposé François Fillon en 2005, une bonne dose de contrôle continu. On connaît les objections : ce serait, dit-on sans réfléchir, instaurer un bac à deux vitesses, voire trois ou quatre ! Entre un grand lycée parisien prestigieux, comme Henri-IV ou Louis-le-Grand, et un modeste établissement de banlieue, il y aurait un abîme, et le bac n'aurait plus la même valeur sur tout le territoire. Rupture de l'égalitarisme républicain, crime de lèse-majesté, donc. Cet argument, que beaucoup tiennent de bonne foi pour dirimant, est en vérité insignifiant. D'abord, parce que le contrôle continu ne serait, dans cette hypothèse, que partiel. Ensuite et surtout, parce que, si l'on réfléchit un instant à la véritable finalité du bac (non pas, encore une fois, donner un accès réel au monde du travail, mais permettre de poursuivre des études), l'introduction d'une part de contrôle continu ne pose aucun problème, ni de fait ni de principe. Il faut savoir, en effet – mais ceux qui font l'objection en question omettent toujours de le signaler –, que la sélection à l'entrée des classes préparatoires se fait de toute façon bien avant le bac, sur dossier, les résultats de l'examen ne venant que valider après coup le choix des établissements. Un bac passé avec une part de contrôle continu ne pénaliserait donc rigoureusement personne, ceux qui ne vont pas dans les « classes prépa » étant de toute façon admis de plein droit, et sans sélection, à l'entrée de nos universités. Il est paradoxal de voir les syndicats étudiants et lycéens s'opposer au contrôle continu alors qu'il fut depuis toujours l'une de leurs revendications les plus ardentes ! Changement de cap à cent quatre-vingts degrés dont l'explication n'est guère difficile à trouver : la seule et unique raison pour laquelle la mesure de bon sens proposée par un ministre de droite fut refusée par une jeunesse de gauche qui la réclamait depuis des années est… qu'elle venait d'un gouvernement de droite ! On le paye cher aujourd'hui et on le paiera encore tant que cette indispensable réforme ne sera pas mise en place.

LA REFONTE DES PROGRAMMES D'ÉCONOMIE DANS L'ENSEIGNEMENT SECONDAIRE

Ce n'est pas un secret, l'enseignement en économie avant le bac souffre de nombreuses déficiences. Pour s'en convaincre, il suffit de demander autour de soi ce que le terme de croissance économique recouvre, ou la façon dont on calcule le taux de chômage des jeunes. La vérité, c'est que la quasi-totalité de la population française ne maîtrise pas ces notions autour desquelles s'articulent pourtant de nombreux débats. En outre, la connaissance des faits est souvent préférée à leur compréhension, à l'analyse des causes dont ils dérivent et à la restitution synthétique des mécanismes à l'œuvre. Ces manquements ont des conséquences multiples sur la compétitivité de nos entreprises comme sur notre capacité à accepter des réformes indispensables.

Là encore, il faut se donner pour objectif de mettre en place un véritable « socle commun de compétences » qui s'articule autour de la connaissance des statistiques macroéconomiques les plus employées, de l'histoire économique depuis le XVIIIe siècle et des grands courants de pensée qui y sont associés, ainsi que des contraintes ou opportunités liées à la mondialisation pour les entreprises, les pouvoirs publics, les citoyens. Comme le CAS l'a déjà proposé, les programmes doivent être redéfinis très rapidement par une commission « resserrée » de spécialistes.

L'AUGMENTATION DU NOMBRE DE MONITEURS D'AUTO-ÉCOLE

L'obtention du permis de conduire par les jeunes peut être analysée comme un facteur d'efficacité du marché du travail dans la mesure où il accroît leur mobilité[1]. Le permis de conduire concourt à rapprocher l'offre de la demande

---

1. Sur l'impact de la mobilité sur le marché du travail, *cf.* Alexandre Janiak, Étienne Wasmer, *Mobility in Europe. Why it is low, the bottlenecks and the policy solution*, Economic Paper, Commission européenne, 2008.

d'emplois. Pourtant, le coût du permis de conduire (entendu au sens du coût de la formation permettant de passer avec succès l'examen) est très élevé en France, par rapport à des pays comparables[1]. Les auto-écoles ont bénéficié de la fin du service militaire obligatoire puisque l'armée délivrait un nombre important de permis de conduire. Malheureusement, le nombre de moniteurs d'auto-école n'a pas augmenté ces dernières années, ce surplus de demande entraînant donc un surplus de prix mais non d'activité.

Une courageuse politique de la jeunesse pourrait répondre à ce problème de deux façons. D'une part, en levant un certain nombre de contraintes réglementaires qui ferment l'accès de la profession à ceux qui souhaitent devenir moniteurs. On pourrait par exemple assouplir la réglementation sur l'établissement des auto-écoles et durcir les contrôles *a posteriori*. On pourrait aussi s'inspirer du système belge dans lequel la formation pratique est en partie réalisée par un « guide »

---

1. P. Avrillier, L. Hivert, F. Kramarz, « Driven out of employment ? The impact of the abolition of the national service on driving schools and aspiring drivers », *British Journal of Industrial Relations*, 2010, vol. 48, 4, p. 784-807.

expérimenté, qui n'est pas forcément moniteur de métier.

D'autre part, en augmentant la transparence du secteur, et en communiquant sur certains points de droit mal connus (20 heures de conduites sont suffisantes pour passer un examen, il est possible de repasser l'examen sans reprendre de cours, une auto-école ne peut facturer de frais de transfert de dossier...).

S'il était saisi sur ce sujet, le CAS pourrait proposer des mesures précises pour développer l'offre de formation à la conduite, y compris non marchande, et faire baisser le coût des permis de conduire, sujet central pour la jeunesse et souvent mal vécu (y compris par ceux des parents qui financent !).

Logement

La France souffre dramatiquement du manque de logements étudiants, et les logements étudiants sont en outre souvent de piètre qualité. Cette pénurie se lit dans la hausse des loyers du secteur privé et génère des difficultés très tangibles pour les jeunes, et particulièrement pour les étudiants, lesquels peuvent se retrouver dans des situations où ils ne peuvent pas suivre leur formation (j'ai même à l'esprit l'exemple d'un étudiant chinois qui a dû renoncer à suivre une formation universitaire en économie faute de logement).

Notre objectif n'est pas ici d'amener les jeunes à devenir propriétaires de leur logement. En effet, la propriété constitue un frein à la mobilité qui pourrait accentuer le problème du chômage des jeunes. D'ailleurs, les politiques gagneraient sans doute à être plus neutres par rapport à cette question, dans la mesure où c'est l'accès au logement qui pose problème, et non l'accès à la propriété. Le mal-logement des jeunes doit être combattu en priorité, en permettant l'accès à un habitat décent à des conditions de location compatibles avec les ressources d'un étudiant.

CONFÉRER AUX RÉGIONS UNE COMPÉTENCE SPÉCIFIQUE EN MATIÈRE DE LOGEMENT ÉTUDIANT

Le logement étudiant concerne un grand nombre d'intervenants, de l'État aux collectivités locales en passant par les Crous, les universités ou les offices HLM. C'est sans doute d'ailleurs là que le bât blesse, dans la mesure où personne n'est vraiment responsable de ces questions. En outre, il n'existe pas forcément d'incitation pour les parties prenantes à agir dans le même sens, de façon coordonnée. Voilà pourquoi notre proposition porte sur la gouvernance du logement étudiant, et non sur la mise en place d'un dispositif précis venant s'ajouter à tous ceux qui existent déjà. Nous proposons que les régions soient responsables d'un « schéma régional de développement du logement étudiant », qui les amènerait, quand cela n'est pas déjà fait, à diagnostiquer les besoins en nouveaux logements et en rénovation/modernisation des logements existants, et à coordonner pour ce faire les actions des rectorats (mise à disposition des terrains), de l'État (avantages fiscaux et exonérations pour la construction), des organismes HLM (maîtrise d'ouvrage) et des Crous (gestion des parcs). Les régions pourraient également se voir attribuer une compétence spécifique, ou tout au moins un pouvoir prescriptif, et donc une responsabilité, en matière d'accès des étudiants au logement, par exemple *via* des dispositifs de cautionnement locatif. De nombreuses initiatives ont déjà été prises sur le terrain dans ces directions par les conseils régionaux, notamment en Aquitaine. Il conviendrait d'inciter les régions qui n'ont pas encore agi en ce sens à le faire rapidement.

Intégration dans la vie sociale

ÉTENDRE LE SERVICE CIVIQUE

Nous avons pointé du doigt dans ce rapport le fait que les jeunes Français étaient relativement peu incités à prendre part à la vie sociale du pays, à la différence des jeunes Américains par exemple. Pourtant, on a vu depuis dix ans se créer des organismes ou des programmes qui répondent à cette carence. Cela a été le cas du service civique ou, il y a quelques années déjà, du programme « Envie d'agir » mis en place par l'Éducation nationale. Il serait sans doute judicieux d'étendre ces programmes, en les complétant par d'autres volets, consacrés notamment à des projets d'entreprises jugés à la fois économiquement viables et présentant de fortes externalités positives. Par exemple, la crise politique dans les pays arabes modifie considérablement l'avenir économique de ce qui constitue l'espace géographique naturel de la France (les rives de la Méditerranée). Ne serait-il pas temps d'encourager les créations communes d'entreprises franco-arabes par exemple ? Ne serait-il pas temps d'encourager des actions sociales, éducatives, écologiques, menées par des jeunes originaires des deux rives ? L'espace économique naturel de la France, c'est bien celui-ci. Il serait formidable d'instiller aux jeunes Français l'envie d'entreprendre avec les jeunes Tunisiens, Marocains, Égyptiens…, dont certains n'attendent que cela. Le développement d'un dispositif de soutien à de tels projets, venant diversifier l'offre d'engagements à côté de ceux proposés par le service civique, pourrait constituer un bon cadre pour stimuler ce type de démarches.

Plus généralement, le service civique est un outil au service de l'intégration sociale des jeunes. Il a été mis en place suivant les recommandations du CAS, pour une durée de huit mois, avec une indemnisation mensuelle de 540 euros. Il est apparu ces derniers mois un heureux consensus autour de l'idée de l'extension du service civique, preuve de son efficacité en matière d'intégration dans la société des jeunes concernés. Nous reprenons ici la proposition du président de l'Agence du service civique Martin Hirsch : inscrire le service civique dans le parcours des 16-18 ans, dans le cadre d'une obligation d'être dans un parcours d'emploi, de formation ou d'engagement. Cette option présente l'avantage de contraindre les jeunes à être en activité (une activité largement choisie en l'occurrence) et d'éviter de voir une frange de la population inoccupée[1].

LIMITER LE CUMUL DES MANDATS

Une mesure spectaculaire pour augmenter la place des jeunes dans la vie publique et pour réduire les inégalités intergénérationnelles serait de limiter enfin le cumul des mandats. Une telle réforme aurait sans doute des effets rapidement visibles sur la nature même des politiques publiques menées, qui deviendraient sans doute plus favorables aux jeunes (on peut penser en particulier à la question du logement) qu'elles ne l'ont été ces dernières années. En outre, un important travail réalisé par Laurent Bach à l'École d'économie de

---

1. Matin Hirsch, « Quel avenir pour le service civique ? », *Le Figaro* du 28 juin 2011.

Paris sur le Parlement a montré quantitativement que la limitation du cumul des mandats serait de nature à augmenter la qualité du travail des députés sans nuire au bien-être de leurs électeurs (Laurent Bach, *Faut-il interdire le cumul des mandats ?*, École d'économie de Paris, octobre 2009). Car réussir sa jeunesse, c'est sans doute avoir le sentiment que l'on peut agir sur le cours des choses. Sur le cours de sa propre vie, mais aussi sur le cheminement qu'emprunte la nation dans laquelle on vit.

# LETTRE DE MISSION

Paris, le **1 3 MAI 2011**

Monsieur le Ministre,

Depuis 18 mois, au travers du plan « Agir pour la jeunesse » présenté par le Président de la République qui vise à mieux accompagner chaque jeune dans son accès à l'autonomie, le Gouvernement a souhaité donner une nouvelle impulsion à notre politique en faveur de la jeunesse. Des mesures telles que le service civique -sur lequel vous aviez formulé des propositions novatrices-, la réforme de l'orientation, la lutte contre le décrochage ou l'ouverture du RSA aux jeunes actifs en constituent de premières et significatives illustrations.

Pour éviter que les jeunes ne soient les premières victimes de la crise, nous avons également mis en oeuvre un plan pour l'emploi des jeunes qui produit des résultats : le nombre de jeunes au chômage est en diminution depuis le pic de mai 2009. Les nouvelles mesures en faveur de l'alternance prolongeront et accentueront cet effort pour une meilleure insertion professionnelle des jeunes.

Aujourd'hui, dans un monde en profonde mutation, les jeunes Français, comme le montrent plusieurs études récentes et contrairement à ce qu'insinuent certains discours trop caricaturaux sur l'état de notre jeunesse qu'on entend ici ou là, restent très majoritairement confiants dans leur avenir individuel et dans leurs capacités personnelles de réussite. Mais ils affichent encore souvent un certain pessimisme quant à l'avenir de leur pays et, pour un certain nombre d'entre eux, une défiance à l'égard des institutions et des médias.

Il nous appartient de prendre en compte les légitimes attentes de la jeunesse pour continuer à faire évoluer notre politique en faveur des jeunes.

A ce titre, je souhaite que vous puissiez analyser les aspirations des jeunes, dans leur diversité, et ce faisant distinguer la part du réel de celle du mythe dans les inquiétudes qui la traversent aujourd'hui.

Monsieur Luc FERRY
Ancien Ministre
Président du Conseil d'Analyse
de la Société
113, rue de Grenelle
75007 PARIS

Vous pourrez également proposer vos réflexions sur les modes et canaux de communication entre la jeunesse française et la société dans son ensemble et les voies et moyens de leur évolution.

Les conclusions de vos travaux, menés en lien avec Monsieur Luc CHATEL, Ministre de l'éducation nationale, de la jeunesse et de la vie associative et Madame Jeannette BOUGRAB, Secrétaire d'Etat à la jeunesse et à la vie associative, feront l'objet d'un rapport à me remettre au mois de novembre 2011.

Je vous prie de croire, Monsieur le Ministre, à l'assurance de mes sentiments les meilleurs.

François FILLON

TABLE

DANS LA MÊME COLLECTION

Collectif, *La Révolution du livre numérique*, 2011.
Luc Ferry, *Pour un service civique*, 2008.
Luc Ferry, *Combattre l'illettrisme*, 2009.
Luc Ferry, *Face à la crise. Matériaux pour une politique de civilisation*, 2009.
Luc Ferry, Axel Kahn, *Faut-il légaliser l'euthanasie ?*, 2010.
Michel Foucher, *L'Europe et l'Avenir du monde*, 2009.
Étienne Klein, *Le Small Bang. Des nanotechnologies*, 2011.
Gilles Lipovetsky, Jean Serroy, *La Culture-monde. Réponse à une société désorientée*, 2008.

Cet ouvrage a été transcodé et mis en pages
chez NORD COMPO (Villeneuve-d'Ascq)

N° d'impression :
N° d'édition : 7381-2730-X
Dépôt légal : novembre 2011

Imprimé en France

Imprimé en France
FRHW010829301023
36830FR00017B/308